Inicios a la Luz de la Luna: Artes Mágicas y Rituales para Novatos Lunares

Un Manual Práctico para la Magia Lunar

Alejandro Martinez

Tabla de contenidos

INTRODUCCIÓN

"Moonlit Beginnings: Spellcraft and Rituals for Lunar Novices" es un manual encantador y práctico diseñado para iluminar el reino místico de la magia lunar para aquellos que se aventuran en el cautivador mundo de la hechicería. Escrito con una mezcla perfecta de sabiduría y accesibilidad, este libro electrónico sirve como una guía indispensable para los principiantes, ofreciendo una puerta de entrada para aprovechar las potentes energías de la luna.

Como la luna ha sido venerada durante mucho tiempo en diversas culturas como un símbolo de magia, intuición y transformación cíclica, "Moonlit Beginnings" revela los secretos de la influencia lunar y empodera a los lectores para embarcarse en su viaje espiritual. El libro electrónico comienza sentando las bases de la comprensión, desmitificando las fases de la luna y sus energías únicas. A través de explicaciones perspicaces, los lectores comprenden profundamente cómo los ciclos lunares se cruzan con varios aspectos de la vida.

El corazón del manual se encuentra en su enfoque práctico de la magia lunar. A través de hechizos y rituales meticulosamente elaborados, incluso aquellos que son nuevos en el arte pueden embarcarse en una odisea transformadora. Desde rituales simples pero potentes hasta hechizos más intrincados, cada capítulo es un trampolín que guía a los novatos hacia una conexión más profunda con las energías de la luna.

Además, "Moonlit Beginnings" va más allá de la mera instrucción, animando a los lectores a personalizar su práctica. El libro electrónico proporciona un lienzo para la exploración individual, invitando a los novatos a infundir su esencia única en cada ritual. Los aspirantes a practicantes encontrarán una gran cantidad de conocimientos, desde la creación de espacios sagrados hasta la selección de cristales y hierbas apropiados para mejorar la eficacia de sus esfuerzos centrados en la luna.

En esencia, "Moonlit Beginnings" es una guía y un compañero para aquellos que buscan despertar la magia dentro de sí mismos. Con sus ideas empoderadoras y herramientas prácticas, este libro electrónico abre la puerta a un mundo en el que la luna se convierte en una guía luminosa en el camino transformador de la hechicería y la exploración ritual.

CAPÍTULO I

Entendiendo la Energía Lunar

La importancia de la luna en varias culturas

El brillo plateado de la luna y sus fases siempre cambiantes han cautivado la imaginación humana en diversas culturas a lo largo de la historia. Su importancia trasciende las fronteras geográficas, tejiéndose a través del tapiz del mito, la religión y el folclore. En innumerables civilizaciones, la luna ha sido venerada como una deidad celestial, una guía cósmica y un símbolo de renovación cíclica. Esta sección explora el significado multifacético de la luna en varias culturas, desentrañando los hilos que conectan la fascinación colectiva de la humanidad con esta luminaria celestial.

La luna fue fundamental en el paisaje religioso y cultural de la antigua Mesopotamia. Los sumerios, una de las primeras civilizaciones, adoraban al dios de la luna Nanna. Venerado como el hijo del dios del cielo An y la diosa de la tierra Ki, se creía que Nanna gobernaba los ciclos del tiempo y las mareas. El calendario lunar, ideado por los sumerios, no solo marcaba el paso de los meses, sino que también influyó en el desarrollo de calendarios lunares posteriores en otras culturas.

Moviéndose hacia el este hasta la antigua China, la luna se convirtió en parte integral de la filosofía taoísta y el folclore chino. Chang'e, una diosa lunar, es una figura central en la mitología china. Se dice que voló a la luna después de ingerir el Elixir de la Inmortalidad. El Festival del Medio Otoño celebra este cuento, a veces llamado el Festival de la Luna, donde las familias se reúnen para ver la luna llena, comer pasteles de luna y reconocer la unión simbólica simbolizada por la deidad lunar.

Los diez caballos blancos del carro de Chandra representan las fases de la luna. El flujo y reflujo de la fortuna de la vida se asocia simbólicamente con la luna creciente y menguante. Las mujeres hindúes celebran Karva Chauth ayunando y rezando por la salud y longevidad de sus maridos. Tradicionalmente, rompen su ayuno cuando ven la luna.

El simbolismo lunar asociaba a la luna con Thoth, el dios de la escritura y la sabiduría, también prevalecía en el antiguo Egipto. Debido a que el calendario lunar caía el mismo día en que el Nilo se inundaba todos los años, era crucial para la agricultura. Además, la cosmología egipcia asociaba la luna creciente y menguante con el ciclo de la vida, lo que significaba la naturaleza cíclica del nacimiento, la muerte y el renacimiento.

A lo largo de las antiguas Américas, la luna tenía un profundo significado para las culturas indígenas. En las tradiciones de los Lakota Sioux, la luna es venerada como la Abuela Luna, una presencia sabia y cariñosa. Las tribus nativas americanas a menudo estructuraban sus calendarios basados en los ciclos lunares, con ceremonias y rituales alineados con las fases de la luna. Los cherokee, por ejemplo, marcaban la luna nueva con ceremonias de curación y renovación.

En la mitología clásica, la diosa romana Luna, equivalente a la griega Selene, encarnaba el resplandor etéreo de la luna. El carro de Luna, tirado por dos caballos, atravesó el cielo nocturno, iluminando el mundo de abajo. Los romanos celebraban el festival de Lunalia en su honor, un momento para festejar y reconocer la influencia benévola de la luna.

En cuanto a las religiones abrahámicas, la luna tiene un peso simbólico en el judaísmo, el cristianismo y el islam. En el judaísmo, el calendario lunar regula la observancia de las festividades, con la luna nueva, o Rosh Jodesh, marcando el comienzo de cada mes. El ciclo lunar determina el sábado y otras celebraciones, reforzando la conexión sagrada entre el calendario hebreo y la luna.

En el cristianismo, la luna está indirectamente ligada a la determinación de la Pascua, basada en la aproximación eclesiástica del equinoccio de primavera. Los versículos bíblicos a menudo usan imágenes lunares para transmitir significados espirituales, como el Salmo 104:19, que describe poéticamente la luna como un marcador de las estaciones.

Dentro del Islam, el calendario lunar juega un papel central en la determinación de los meses islámicos, con el Ramadán, el mes de ayuno, que comienza con el avistamiento de la luna nueva. La luna creciente, conocida como "hilal", tiene una importancia particular, ya que marca el comienzo de los meses islámicos y sirve como símbolo visual del calendario islámico.

La influencia de la luna se extiende al folclore y las supersticiones, dando forma a las prácticas y creencias culturales. La luna llena a menudo se asocia con hombres lobo y otros fenómenos sobrenaturales en las tradiciones europeas. El término "lunático" en sí mismo, derivado de la palabra latina "lunaticus", que significa "golpeado por la luna", refleja asociaciones históricas entre la luna y la locura. A pesar de estas supersticiones, la luna también ha inspirado a poetas, artistas y soñadores, con su resplandor radiante que evoca una sensación de misterio y maravilla.

En la cultura japonesa, la luna adquiere un papel poético y contemplativo. La tradición de "Tsukimi" o observación de la luna implica reuniones para apreciar la luna llena, especialmente durante la temporada de cosecha de otoño. Esta práctica cultural refleja una profunda conexión con la naturaleza y el cambio de estaciones, así como un reconocimiento de la belleza transitoria de la vida.

La exploración científica ha desmitificado muchos aspectos de la luna en los tiempos modernos, pero su importancia cultural perdura. En el siglo XX, fuimos testigos de un gran salto para la humanidad con los alunizajes del Apolo, lo que alimentó aún más la fascinación y la admiración por el compañero celestial de la Tierra. La imagen icónica de la salida de la Tierra, vista desde la Luna y capturada durante la misión Apolo 8, se convirtió en un símbolo de interconexión y conciencia ambiental.

En conclusión, la importancia de la luna en varias culturas es un testimonio de la experiencia humana universal de mirar el cielo nocturno y encontrar significado en los ritmos celestes. Desde las mitologías antiguas hasta los esfuerzos científicos contemporáneos, la luna sigue siendo una fuente de inspiración, reflexión y riqueza cultural. Su influencia trasciende el tiempo y las fronteras, recordándonos la fascinación humana compartida por el orbe luminoso que adorna nuestro cielo nocturno.

La influencia de la Luna en la Tierra

La Luna, el único satélite natural de la Tierra, influye profundamente en nuestro planeta a través de varias dimensiones, que van desde las interacciones gravitacionales hasta el simbolismo cultural. Esta sección profundiza en cómo la Luna da forma e influye en la Tierra, explorando fenómenos científicos, significado cultural y el contexto histórico que une a estos cuerpos celestes en una danza cósmica.

Científicamente, el impacto más evidente de la Luna en la Tierra es gravitacional. Los océanos se abultan bajo la atracción gravitacional de la Luna durante su ciclo alrededor de la Tierra, produciendo mareas altas que miran hacia la Luna y un conjunto opuesto que se encuentra en la otra dirección. El movimiento de las mareas, el aumento y descenso regular del nivel del mar, es un fenómeno natural crucial que afecta a la vida marina, los ecosistemas costeros e incluso las actividades humanas como la pesca.

La atracción gravitacional de la Luna afecta a los océanos de la Tierra e induce una ligera deformación de la forma de la Tierra. Este fenómeno, conocido como precesión axial de la Tierra, provoca un bamboleo gradual en el eje de rotación del planeta a lo largo del tiempo. La influencia gravitacional de la Luna y la del Sol contribuyen a esta precesión, afectando la orientación de los polos de la Tierra y el momento de los equinoccios y solsticios. Si bien estos cambios ocurren en vastas escalas de tiempo, subrayan la intrincada mecánica celeste que gobierna los movimientos y las estaciones de la Tierra.

Más allá de las fuerzas gravitacionales, la influencia de la Luna se extiende a la atmósfera de la Tierra. Aunque la Luna no tiene atmósfera propia, su atracción gravitacional afecta a la atmósfera de la Tierra, particularmente en los bordes de la atmósfera donde se encuentra con el espacio. Esta interacción gravitacional da lugar a un fenómeno conocido como mareas atmosféricas. Si bien estas mareas son mucho más débiles que las oceánicas, contribuyen a la compleja dinámica de la circulación atmosférica de la Tierra.

El impacto de la Luna no se limita al ámbito físico; se extiende a las dimensiones culturales y simbólicas de las sociedades humanas. A lo largo de la historia, la Luna ha tenido un profundo significado en la mitología, el folclore y las creencias religiosas. En varias culturas, la Luna se personifica como una deidad, que representa los ciclos de la vida, la muerte y el renacimiento. La luna creciente y menguante se ha relacionado metafóricamente con el flujo y reflujo de las experiencias humanas, influyendo en los rituales, las celebraciones y las prácticas espirituales.

En la antigua Mesopotamia, los sumerios adoraban al dios de la luna Nanna, que gobernaba el tiempo y las mareas. El calendario lunar ideado por los sumerios guió las actividades agrícolas y se convirtió en una piedra de toque cultural, influyendo en las civilizaciones posteriores. Del mismo modo, en la mitología hindú, la Luna se personifica como Chandra, un dios asociado con la belleza y la iluminación. Las fases lunares simbolizan la danza cósmica de la creación y la destrucción, reflejando la naturaleza cíclica de la existencia de la cosmología hindú.

El folclore chino, rico en simbolismo lunar, venera a la diosa Chang'e, que reside en la Luna. El Festival del Medio Otoño, que se celebra en todo el este de Asia, gira en torno a la luna llena y honra la unidad familiar, con familias que se reúnen para apreciar el resplandor de la luna. En las tradiciones islámicas, el calendario lunar dicta el momento de las celebraciones religiosas, y la luna creciente marca el comienzo de cada mes. El Ramadán, el mes de ayuno, comienza con el avistamiento de la luna nueva, que ejemplifica la intersección de los ciclos lunares con las prácticas religiosas.

En las culturas occidentales, la Luna ha sido una musa para poetas, artistas y filósofos. Su brillo plateado y su misterioso encanto han inspirado innumerables obras de literatura y arte. El concepto de un "hombre en la luna" y varias deidades lunares impregnan la mitología occidental, contribuyendo a una fascinación cultural que persiste hoy en día. Además, la asociación de la luna llena con fenómenos místicos, como los hombres lobo y las brujas, ha dejado una huella indeleble en el folclore y la cultura popular occidentales.

La exploración científica en la era moderna ha profundizado nuestra comprensión de la influencia de la Luna en la Tierra. Las misiones Apolo, iniciadas por la NASA en las décadas de 1960 y 1970, marcaron un hito histórico en la exploración espacial humana. Estas misiones produjeron las primeras huellas humanas en la superficie lunar y proporcionaron información científica crucial. Las rocas lunares transportadas por los astronautas proporcionaron información sobre la composición de la Luna, el pasado geológico y el lugar en el sistema solar más extenso.

La influencia de la Luna en la Tierra se extiende al campo de la astrobiología. Los científicos consideran que la Luna es un cuerpo celeste natural que ha sido testigo de la evolución biológica de la Tierra. Las rocas lunares, desprovistas de atmósfera, proporcionan un registro único del viento solar y los rayos cósmicos, ofreciendo una visión de las condiciones que prevalecían en el sistema solar primitivo. El estudio de la historia de la Luna permite a los científicos inferir los cambios ambientales en la Tierra y comprender los factores que facilitaron el surgimiento y el sustento de la vida.

Además, la Luna se utiliza como laboratorio celeste para probar las teorías fundamentales de la física. Los científicos pudieron determinar la distancia exacta entre la Tierra y la Luna gracias a los experimentos realizados durante las misiones Apolo, como la instalación de retrorreflectores. Estos experimentos proporcionan información esencial que nos ayuda a comprender mejor el espacio-tiempo y la dinámica gravitatoria.

En el siglo XXI, ha surgido un renovado interés en la exploración lunar, con agencias espaciales gubernamentales y empresas privadas planeando misiones para establecer una presencia humana sostenida en la Luna. Estos esfuerzos tienen como objetivo ampliar nuestro conocimiento científico y explorar los recursos potenciales de la Luna, como el hielo de agua, que podría respaldar la futura exploración espacial y servir como trampolín para misiones a Marte y más allá.

En conclusión, la influencia de la Luna en la Tierra es un rico tapiz tejido a partir de fenómenos científicos, simbolismo cultural y exploración humana. Desde dar forma a las mareas que esculpen nuestras costas hasta inspirar expresiones artísticas y espirituales, la Luna ocupa un papel central en la experiencia humana. A medida que continuamos desentrañando los misterios de nuestro compañero celestial a través de la exploración científica y la apreciación cultural, la Luna sigue siendo un testimonio luminoso de la interconexión de la Tierra y el cosmos.

Aprovechar la energía lunar para la magia

El concepto de aprovechar la energía lunar para prácticas mágicas está profundamente arraigado en antiguas tradiciones y creencias místicas, trascendiendo las fronteras culturales para tejer un tapiz de magia lunar que abarca siglos. En diversas civilizaciones, la luna ha sido venerada como una fuerza celestial con poderes transformadores, que influye en todo, desde las mareas y los ciclos agrícolas hasta las emociones y la espiritualidad humanas. Esta sección explora el ámbito místico del aprovechamiento de la energía lunar para la magia, profundizando en los aspectos históricos, culturales y contemporáneos de la magia lunar como una forma potente y venerada de práctica metafísica.

La luna era a menudo venerada e incorporada a las prácticas religiosas en las civilizaciones antiguas. Los ciclos creciente y menguante de la luna se veían como representaciones simbólicas del nacimiento, la muerte y el renacimiento. En Mesopotamia, los sumerios adoraban al dios de la luna Nanna, atribuyéndole el gobierno sobre el tiempo y las mareas. El calendario lunar, ideado por estos antiguos astrónomos, se volvió crucial para la planificación agrícola y las observancias ceremoniales. Del mismo modo, en el antiguo Egipto, la luna tenía importancia en los ritos religiosos, donde los ciclos lunares se integraban en el calendario agrícola para alinearse con la inundación anual del Nilo.

El vínculo entre las fases lunares y las prácticas mágicas persistió a través de varias culturas. Selene personificaba la luna en la antigua Grecia, representando su belleza e influencia etérea. Los griegos creían en las propiedades mágicas de la luz de la luna, asociándola con la inspiración, los sueños y el encanto de la noche. Esta conexión entre la luna y el reino místico se refleja aún más en la diosa griega Hécate, a menudo representada como una deidad triple asociada con las fases de luna nueva, luna llena y luna oscura, que simboliza las etapas de la vida, la muerte y el renacimiento.

La tradición romana también abrazaba a las deidades lunares, con Luna ocupando un lugar destacado en su panteón. Luna, la diosa de la luna, era venerada por su papel en la iluminación del cielo nocturno. Los romanos celebraban Lunalia, un festival dedicado a Luna, con rituales y ceremonias realizadas para invocar su energía benévola. La influencia lunar se extendió al folclore romano, donde se creía que la luna gobernaba la fertilidad de las mujeres y los ciclos de menstruación.

Moviéndose hacia el este, la antigua China incorporó la magia lunar en sus prácticas culturales y espirituales. Los chinos creían en las energías del yin y el yang, y la luna representaba el yin, que se asocia con la receptividad, la intuición y la feminidad. Las tradiciones taoístas adoptaron la observación de la luna para conectarse con las energías celestiales y aprovechar los poderes transformadores de la luna. Los antiguos chinos también observaban el calendario lunar, utilizándolo para actividades agrícolas y festivales tradicionales, como el Festival del Medio Otoño, una celebración de la belleza de la luna llena y la reunión simbólica de las familias.

En el hinduismo, la luna es importante en la mitología y las prácticas ceremoniales. El dios lunar Chandra es considerado la encarnación de la belleza, la gracia y la creatividad. La luna creciente y menguante son metáforas de la naturaleza cíclica de la vida y la búsqueda de la iluminación espiritual. Los festivales hindúes, como el Karva Chauth, implican rituales que aprovechan la energía lunar, con ayunos y oraciones dirigidas por mujeres para buscar el bienestar y la longevidad de sus cónyuges, que a menudo concluyen con el avistamiento de la luna.

La magia lunar también se abrió camino en diversas culturas indígenas. Las tribus nativas americanas estructuraron sus ceremonias y rituales en torno a los ciclos lunares, reconociendo a la luna como una fuerza guía en sus prácticas espirituales. Los Lakota Sioux, por ejemplo, celebran ceremonias sagradas durante la luna llena, reconociendo a la abuela Luna como una fuente de sabiduría y guía. Del mismo modo, el pueblo Cherokee atribuye propiedades curativas a la luna, realizando ceremonias durante fases lunares específicas para aprovechar sus energías místicas.

La tradición europea medieval estaba profundamente influenciada por la mezcla de prácticas paganas con creencias cristianas emergentes: los grimorios medievales, libros que contenían instrucciones para rituales y hechizos, a menudo incorporaban correspondencias y tiempos lunares. La idea de que las fases lunares influyen en el funcionamiento mágico se afianzó en el ocultismo occidental, y la luna llena se consideraba un momento de mayor energía y manifestación mágica.

Durante el Renacimiento, el renacimiento del interés por la sabiduría antigua y las tradiciones esotéricas impulsó aún más la exploración de la magia lunar. Los alquimistas y los místicos buscaban aprovechar las energías transformadoras de la luna para descubrir los secretos del universo. El concepto de magia simpática, donde lo semejante atrae a lo semejante, se aplicó a la magia lunar, y los practicantes alinearon sus intenciones con las fases lunares correspondientes para obtener resultados óptimos.

En la magia popular y la brujería, la energía lunar jugó un papel fundamental. Las brujas y la gente astuta creían que las fases de la luna influían en la potencia de sus hechizos y rituales. La luna creciente se asociaba con el crecimiento y la manifestación, por lo que era un momento ideal para que los hechizos atrajeran el amor, la riqueza o el éxito. Por el contrario, la luna menguante era adecuada para desterrar rituales, eliminar obstáculos o liberar energías negativas. La luna llena, con su pico de energía, era vista como un momento poderoso para la adivinación, la carga de herramientas mágicas y la realización de rituales de mayor intensidad.

El renacimiento moderno del interés por la brujería y las prácticas paganas contemporáneas ha visto un resurgimiento de la magia lunar. La Wicca, un movimiento religioso pagano moderno, enfatiza fuertemente los ciclos de la luna. Muchos wiccanos celebran los Esbats, rituales mensuales que se llevan a cabo durante la luna llena, en los que se comunican con las energías lunares, lanzan hechizos y realizan adivinaciones. La Rueda Wicca del Año, un ciclo de ocho festivales estacionales, incorpora fases lunares a medida que los practicantes sintonizan sus trabajos mágicos con la cara siempre cambiante de la luna.

Los practicantes modernos de brujería a menudo crean altares lunares adornados con símbolos, cristales y representaciones correspondientes a las fases de la luna. Los distintos objetivos mágicos de cada fase lunar pueden enmarcar el trabajo de hechizos y la planificación ritual. Por ejemplo, la luna llena es mejor para el empoderamiento y la manifestación, y se cree que la luna nueva es un momento para hacer intenciones y nuevos comienzos.

Los cristales y las piedras preciosas son parte integral de la magia lunar y se cree que amplifican y canalizan las energías lunares. La piedra lunar, asociada con las diosas lunares, es venerada por sus cualidades reflectantes y su conexión con la intuición. Llamada así por la diosa de la luna Selene, se cree que la selenita mejora las percepciones psíquicas y espirituales. Los practicantes cargan con frecuencia sus cristales a la luz de la luna llena para darles propiedades mágicas adicionales.

Las hierbas y las plantas también juegan un papel crucial en la magia lunar. Se cree que las diferentes fases lunares influyen en la potencia de las hierbas, y los practicantes cosechan o utilizan plantas específicas según el ciclo de la luna. Cultivados con plantas correspondientes a la energía de la luna, los jardines lunares se convierten en espacios sagrados para el trabajo mágico. Las hierbas como la artemisa, asociadas con la energía lunar y los sueños, se utilizan a menudo en rituales para mejorar las habilidades psíquicas y las experiencias visionarias.

El agua de luna, el agua cargada bajo la luz de la luna, es un elemento básico de la magia lunar. Los practicantes recolectan agua durante fases lunares específicas, impregnándola con la energía de la luna. El agua de luna se utiliza para la purificación ritual, la consagración de herramientas mágicas y la unción durante los hechizos. La idea es capturar la esencia de la energía de la luna en el agua, creando una herramienta mágica potente y versátil.

El calendario lunar guía a los practicantes de magia lunar mostrando cuándo las operaciones mágicas específicas son más efectivas. Cada una de las ocho fases del ciclo lunar (luna nueva, creciente creciente, cuarto creciente, gibosa creciente, luna llena, gibosa menguante, cuarto menguante y creciente decreciente) tiene energías y significados mágicos correspondientes. Comprender estas etapas permite a los practicantes alinear sus intenciones con los ciclos naturales de la energía lunar.

Si bien el encanto místico de la magia lunar está impregnado de tradición, los practicantes contemporáneos continúan innovando y adaptando estas prácticas antiguas. El auge de las comunidades, los libros y los talleres en línea ha facilitado el intercambio de conocimientos y experiencias entre quienes exploran la magia lunar. Las plataformas de redes sociales sirven como aquelarres virtuales donde los practicantes se conectan, comparten rituales y celebran colectivamente la magia de la luna.

En conclusión, el aprovechamiento de la energía lunar para la magia es una tradición rica y duradera que trasciende las fronteras temporales y culturales. El efecto de la luna en las prácticas mágicas siempre ha sido una fuente de poder e inspiración para las personas involucradas en la magia, desde las civilizaciones antiguas hasta la brujería contemporánea y las comunidades paganas. A través de las prácticas consuetudinarias, las modificaciones actuales o la investigación de asociaciones particulares con la luna, las personas descubren persistentemente el significado en el dominio etéreo de la brujería lunar, integrando sus objetivos en el trance cósmico del orbe lunar.

CAPÍTULO II

Fases lunares y sus significados

Luna Nueva: Inicios e Intenciones

La luna nueva, un fenómeno celestial que marca el comienzo de un ciclo lunar, ha sido venerada en todas las culturas como un momento potente y auspicioso para nuevos comienzos e intenciones establecidas. Esta sección profundiza en el significado de la luna nueva, explorando sus dimensiones espirituales, culturales y metafísicas como símbolo de renovación y manifestación. La luna nueva se ha relacionado tradicionalmente con la renovación, la introspección y el comienzo de actividades que cambian la vida.

En varias mitologías y tradiciones espirituales, la luna nueva representa un reinicio cósmico o el momento en que la luna comienza su viaje de nuevo y gradualmente crece para iluminar el cielo nocturno. Las personas pueden crear transformaciones personales durante la luna nueva, ya que este patrón cíclico refleja los altibajos de la vida. La luna era adorada como un cuerpo celeste conectado a los ciclos de vida y muerte por culturas antiguas como los griegos y los romanos. La mitología griega sostenía que la energía de la luna nueva, que encarna la posibilidad de nuevas estrellas, estaba representada por la diosa lunar Selene. Del mismo modo, los romanos conmemoraban la luna nueva como una representación del poder restaurador de Luna sobre el cielo nocturno.

La conexión entre la luna nueva y la renovación se ejemplifica aún más en la mitología hindú, donde el dios lunar Chandra se asocia con los ciclos de regeneración. La luna creciente y menguante en la cosmología hindú simboliza la danza eterna de la creación y la disolución, lo que refuerza la importancia de la luna nueva como catalizador de nuevos comienzos. En el folclore chino, la luna nueva está vinculada al rejuvenecimiento de las energías, alineándose con el aspecto yin de la filosofía yin-yang. El yin, que representa la receptividad y lo femenino, se refleja en el lienzo en blanco simbólico de la luna nueva, un momento en el que las intenciones pueden ser sembradas y nutridas.

Culturas de todo el mundo han incorporado la luna nueva en sus calendarios y rituales. La tradición judía, por ejemplo, marca el comienzo de cada mes con la aparición de la luna nueva. Rosh Jodesh, que celebra la luna nueva, es un momento para reflexionar, orar y establecer intenciones para el próximo mes. En el Islam, el calendario lunar rige las observancias religiosas, y el avistamiento de la luna nueva marca el comienzo de cada mes islámico. Este momento es particularmente significativo durante el mes sagrado del Ramadán, enfatizando la importancia espiritual de la luna nueva en el inicio de las prácticas sagradas.

En magia y metafísica, la luna nueva es un período fértil para establecer intenciones y plantar semillas para manifestaciones futuras. Muchos practicantes de magia y brujería alinean su funcionamiento con los ciclos lunares, reconociendo las energías únicas asociadas con cada fase. Con su simbólica pizarra en blanco, la luna nueva es un momento ideal para que las personas se concentren en sus deseos, metas y aspiraciones. Este período a menudo se asocia con la introspección, lo que permite a las personas identificar lo que desean manifestar.

Los rituales de luna nueva varían según las tradiciones mágicas, pero los temas comunes incluyen la meditación de establecimiento de intenciones y los actos simbólicos de creación. Los practicantes pueden participar en rituales como la magia con velas, donde la llama representa la chispa de la intención, o la carga de cristales, aprovechando la energía de piedras seleccionadas para amplificar las intenciones. Escribir las intenciones en papel, a menudo como una lista de manifestación de luna nueva, es una práctica frecuente, que fundamenta los deseos de uno en forma tangible. A medida que la luna comienza su fase creciente, se cree que estas intenciones ganan impulso y energía, alineándose con las fuerzas naturales del universo.

Los cristales asociados con la energía de la luna nueva, como el cuarzo transparente y la piedra lunar, se utilizan a menudo en rituales durante esta fase. Se cree que el cuarzo transparente, conocido como un amplificador versátil, mejora la potencia de las intenciones, mientras que la piedra lunar, conectada a las energías lunares, se cree que promueve la intuición y la receptividad. Estos cristales se limpian y se cargan bajo la influencia de la luna nueva, imbuyéndolos con la energía de nuevos comienzos.

Las hierbas y las plantas también desempeñan un papel en los rituales de luna nueva, y los practicantes seleccionan aliados botánicos asociados con el establecimiento de intenciones y la iniciación. Las hierbas como la salvia, la lavanda y el incienso se pueden usar para difuminar o como ingredientes en rituales, mejorando la atmósfera energética y proporcionando un telón de fondo sensorial para las prácticas de manifestación. La aromaterapia, a menudo incorporada en los rituales de luna nueva, utiliza el poder de los aromas para evocar energías específicas que conducen al establecimiento de intenciones y la reflexión.

En astrología, la luna nueva representa una conjunción del sol y la luna, alineando sus energías en un signo zodiacal en particular. Esta ubicación astrológica agrega una capa de matices a la influencia de la luna nueva, ya que cada signo del zodíaco está asociado con cualidades y temas distintos. Las personas a menudo consultan cartas astrológicas para obtener información sobre las energías específicas de una luna nueva, adaptando sus intenciones para alinearse con el signo astrológico en el que ocurre la luna nueva. Por ejemplo, una luna nueva en Aries podría inspirar intenciones relacionadas con la asertividad, el coraje y las nuevas aventuras. Por el contrario, una luna nueva en Piscis puede fomentar intenciones centradas en la intuición, la creatividad y las búsquedas espirituales.

El concepto de "luna oscura" a veces se usa indistintamente con la luna nueva, aunque algunas tradiciones distinguen entre los dos. La luna oscura se considera el período inmediatamente anterior a la luna nueva cuando la luna es completamente invisible en el cielo nocturno. Algunos practicantes ven la luna oscura como un momento para la introspección profunda, el trabajo con la sombra y la liberación de viejos patrones antes de que la luna nueva anuncie el comienzo de nuevas intenciones. Este enfoque matizado reconoce los cambios sutiles en la energía durante la transición de la luna oscura a la luna nueva.

En el panorama espiritual y de autoayuda contemporáneo, la luna nueva se ha convertido en un punto focal para las prácticas de establecimiento de intenciones. La accesibilidad de la información y el auge de las plataformas de redes sociales han facilitado el intercambio de rituales de luna nueva y técnicas de manifestación. Las comunidades en línea, los talleres y las meditaciones guiadas centradas en la luna nueva han creado un espacio virtual para que las personas se reúnan, aprovechando colectivamente el poder de la intención durante esta fase lunar.

La integración de la tecnología y la espiritualidad ha llevado al desarrollo de aplicaciones para la luna nueva, que brindan a los usuarios información sobre las fases lunares, las alineaciones astrológicas y los rituales guiados adaptados a cada luna nueva. Estas herramientas digitales ofrecen un giro moderno a las prácticas ancestrales, haciendo que la magia lunar sea más accesible en todo el mundo. Las personas pueden recibir notificaciones, unirse a reuniones virtuales y participar en ceremonias guiadas desde la comodidad de sus hogares, fomentando un sentido de comunidad e intención compartida.

Los críticos argumentan que la comercialización y popularización de los rituales de luna nueva corre el riesgo de diluir la profundidad y autenticidad de estas prácticas. Si bien las plataformas de redes sociales muestran rituales visualmente atractivos y altares estéticamente agradables, la esencia de la conexión personal y el establecimiento de intenciones puede verse eclipsada. Lograr un equilibrio entre la conveniencia moderna de las plataformas digitales y la naturaleza de la intención genuina y sincera es un desafío para aquellos que navegan por el panorama contemporáneo de la magia lunar.

En conclusión, el simbolismo de renovación y nuevos comienzos de la luna nueva tiene un atractivo atemporal y universal. Ya sea que se vea a través de la mitología, la espiritualidad o la metafísica contemporánea, la luna nueva es un lienzo cósmico en el que las personas pueden inscribir sus aspiraciones e intenciones. A medida que las culturas y las prácticas espirituales evolucionan, la esencia de la luna nueva sigue siendo una fuente de inspiración, invitando a las personas a participar en la danza eterna de la creación y la manifestación bajo el resplandor celestial del ciclo lunar.

De la luna creciente a la luna llena: manifestación y crecimiento

El viaje desde la luna creciente hasta la luna llena en el ciclo lunar es un momento de profunda transformación energética, que simboliza las etapas de manifestación, crecimiento y fruición. Este período, marcado por la creciente iluminación de la luna, tiene importancia en varias tradiciones espirituales, mágicas y culturales. A medida que la luna avanza a través de sus fases, desde la delgada media luna hasta el radiante orbe lleno, refleja la naturaleza cíclica de la vida, ofreciendo una estructura simbólica para el desarrollo individual y grupal. Esta sección explora la media luna creciente para completar la fase lunar, desentrañando su riqueza simbólica y profundizando en cómo ha sido interpretada y aprovechada en diferentes culturas y prácticas místicas.

La media luna, la fase inicial después de la luna nueva, marca el comienzo del viaje de la luna hacia la iluminación total. Científicamente, esta fase se desarrolla a medida que los rayos del sol iluminan progresivamente una parte más significativa de la superficie de la luna visible desde la Tierra. Metafóricamente, la media luna creciente a menudo se asocia con la germinación de las intenciones establecidas durante la luna nueva. Es un momento en el que las semillas del deseo comienzan a brotar, y las personas pueden sentir una oleada sutil pero palpable de energía que los impulsa hacia adelante. En varias mitologías, la media luna creciente es similar a los primeros movimientos de la vida, un momento preñado de potencial.

En las tradiciones mágicas y metafísicas, la fase creciente es un momento oportuno para amplificar las intenciones, lanzar hechizos para el crecimiento y preparar el escenario para la manifestación. Los practicantes alinean sus trabajos mágicos con la energía creciente de la luna creciente, utilizando este período para infundir sus deseos con el impulso necesario para la realización. Los rituales durante esta fase a menudo involucran actividades como la magia de las velas, donde cada día se enciende una vela que simboliza el crecimiento gradual de las intenciones. Los cristales asociados con la amplificación y el desarrollo, como el citrino y la cornalina, pueden cargarse bajo la influencia de la media luna creciente para mejorar su potencia vibratoria.

A medida que la luna avanza hacia el cuarto menguante, su iluminación aumenta y el impulso simbólico se intensifica. En las culturas antiguas, el cuarto menguante de la luna a menudo estaba vinculado a temas de acción y superación de obstáculos. Los griegos, por ejemplo, asociaban el cuarto menguante con la diosa Artemisa, símbolo de fuerza, coraje e independencia. La energía de la luna creciente se alinea con la superación de los desafíos y el avance en el camino elegido. Esta fase invita a las personas a tomar medidas proactivas para manifestar sus intenciones, encarnando el espíritu de progreso y perseverancia.

En la mitología hindú, el cuarto menguante de la luna se alinea con la fase creciente de Chandra, el dios lunar. Chandra representa la búsqueda de la sabiduría espiritual y la virtud, lo que hace que esta fase conduzca a esfuerzos que se alinean con la conciencia superior y el desarrollo personal. El ciclo lunar, impregnado del simbolismo del viaje de Chandra, se convierte en una guía cósmica para aquellos que buscan el crecimiento en las actividades materiales y la transformación interior.

En las prácticas mágicas modernas, la media luna creciente hasta el primer cuarto menguante a menudo se aprovecha para rituales de establecimiento de intenciones que implican escribir metas, afirmaciones o deseos. Durante esta fase, algunos practicantes crean tableros de visión, representaciones visuales de sus aspiraciones. La intención es enfocarse en lo que se está cultivando y nutriendo activamente, alineando las energías de uno con la influencia expansiva de la luna creciente.

El viaje desde el cuarto menguante hasta la luna gibosa creciente marca un período de crecimiento y fortificación constantes. En las tradiciones agrícolas, esta fase corresponde a la maduración de los cultivos, reflejando la idea de nutrir las intenciones para que se conviertan en fructificación tangible. La fase gibosa creciente invita a los individuos a evaluar el progreso de sus esfuerzos, hacer ajustes si es necesario y fortalecer su compromiso con las metas establecidas anteriormente en el ciclo lunar.

En el folclore chino, la luna gibosa creciente se asocia con la diosa de la luna Chang'e y el Conejo de Jade. La historia cuenta el ascenso de Chang'e a la luna y el incesante golpeteo del Conejo de Jade con el elixir de la inmortalidad. El simbolismo aquí incluye temas de dedicación, esfuerzo y la búsqueda constante de ideales más elevados. Esta narrativa cultural resuena con las energías de la luna gibosa creciente, alentando a los individuos a persistir en sus búsquedas e invertir esfuerzos en el proceso de crecimiento.

Desde una perspectiva mágica, la fase gibosa creciente es propicia para hechizos y rituales que implican construir, fortalecer y reforzar las intenciones. Esto puede incluir actividades como cargar cristales para la resistencia y la perseverancia, elaborar talismanes para simbolizar la creciente energía de las metas o participar en prácticas de meditación destinadas a consolidar el enfoque y la determinación. La energía lunar durante esta fase apoya la construcción incremental de fuerza y resiliencia frente a los desafíos.

Astrológicamente, la luna gibosa creciente a menudo ocurre en el signo zodiacal opuesto al del sol. Esta oposición es considerada un tiempo de equilibrio e integración, donde las energías del sol y la luna trabajan en conjunto. Las personas pueden encontrar que los aspectos externos e internos de sus vidas se armonizan de manera más efectiva, creando un entorno propicio para el crecimiento y la manifestación sostenidos.

A medida que la luna se acerca a la iluminación completa, alcanzando el clímax de su fase creciente, entra en la etapa gibosa creciente para completar la transición lunar. Este es un período crucial en el ciclo lunar, a menudo asociado con el pico de energía, la intuición aumentada y la culminación de las intenciones. Con su resplandor radiante, la luna llena sirve como un faro, simbolizando la manifestación de los deseos y la realización de metas.

Culturalmente, la luna llena ha sido venerada y celebrada en diversas tradiciones. En la antigua Grecia, la luna llena estaba dedicada a la diosa Selene, encarnando la belleza luminiscente y el poder transformador de la luna. De manera similar, los romanos adoraban a Luna durante la luna llena, reconociendo su influencia en el mundo natural y las emociones humanas. Las culturas indígenas a menudo celebraban ceremonias durante la luna llena, reconociendo su potencia energética y aprovechando su poder iluminador para prácticas comunitarias y espirituales.

Desde un punto de vista metafísico, la luna llena culmina las intenciones establecidas durante la fase creciente creciente. Los rituales durante la luna llena a menudo implican cargar cristales, herramientas y artículos personales bajo su luz radiante, infundiéndoles la energía intensificada de la manifestación. Algunos practicantes llevan a cabo rituales de esbat, ceremonias dedicadas durante cada luna llena, para expresar gratitud, liberar energías estancadas y celebrar la culminación de los esfuerzos.

Astrológicamente, la luna llena se opone al sol y a la luna, representando un momento de iluminación y claridad. Se cree que esta alineación aumenta la intuición, lo que lo convierte en un momento propicio para la adivinación, la meditación y la reflexión. El aumento de la energía emocional de una luna llena también puede traer sentimientos o preocupaciones no resueltos a la superficie, lo que permite a las personas confrontarlos y dejarlos ir.

El simbolismo de la luna llena está profundamente arraigado en la cultura y el folclore modernos. Frases populares como "una vez en una luna azul" o "sobre la luna" reflejan la influencia de la luna en el lenguaje y las expresiones. El concepto de que la luna llena influye en el comportamiento humano, a menudo llamado el "efecto lunar", ha sido objeto de fascinación y mito. Si bien los estudios científicos no han demostrado de manera concluyente un vínculo directo entre la luna llena y los cambios en el comportamiento humano, el impacto cultural de estas creencias persiste.

En las tradiciones mágicas, la luna llena a menudo se ve como un momento para intensificar los trabajos mágicos, la adivinación y la culminación de la hechicería. Los practicantes pueden llevar a cabo rituales para aprovechar las energías de la luna llena para la curación, la manifestación o el empoderamiento espiritual. Se cree que el agua cargada bajo la luna llena, conocida como "agua lunar", transporta una potente energía lunar y se utiliza en rituales, unción y hechizos.

Durante esta fase, las ceremonias suelen utilizar cristales relacionados con la luna llena como la piedra lunar y la selenita. Llamada así por la diosa de la luna Selene, se cree que la selenita mejora la conciencia espiritual y la comunicación con otras dimensiones. La piedra lunar, conectada a la energía lunar, es una herramienta eficaz para mejorar la apertura y la intuición. Los practicantes colocan con frecuencia estos cristales debajo de la luna para purificarlos y cargarlos y acceder a sus energías mejoradas.

La influencia de la luna llena se extiende al ámbito de la astrología, donde cada luna llena ocurre en un signo zodiacal específico. Las cualidades y los temas asociados con ese signo condimentan aún más el telón de fondo energético de la luna llena. Por ejemplo, una luna llena en Aries puede enfatizar la individualidad, la asertividad y la iniciación, mientras que una luna llena en Piscis puede mejorar la sensibilidad, la intuición y las percepciones espirituales. Los astrólogos a menudo guían, aprovechando las energías únicas de cada luna llena en función de su ubicación en el zodíaco.

En conclusión, el viaje desde la luna creciente hasta la luna llena en el ciclo lunar es una expedición simbólica que refleja las etapas de manifestación y crecimiento. Ya sea que se vea a través de la lente de la mitología, las prácticas culturales o las tradiciones mágicas, la energía de la luna creciente es la de establecimiento progresivo de intenciones, fortificación constante y eventual fruición. A medida que el resplandor de la luna se intensifica, alcanzando su plenitud radiante, se invita a las personas a celebrar la culminación de sus esfuerzos, expresar gratitud y disfrutar del poder transformador del ciclo lunar. La media luna creciente para completar la fase lunar sirve como un recordatorio cósmico de que el viaje hacia la manifestación no es simplemente una progresión lineal, sino una danza rítmica en armonía con las fuerzas celestiales que gobiernan nuestra existencia.

Gibosa menguante a luna nueva: liberación y renovación

La fase gibosa menguante a la luna nueva en el ciclo lunar representa un tiempo de liberación, reflexión y renovación. A medida que la luna pasa de su plenitud radiante a la tranquila oscuridad de la luna nueva, lleva consigo el simbolismo de desprenderse, dejar ir y prepararse para un nuevo ciclo de crecimiento. Esta sección explora el significado de la fase gibosa menguante para la luna nueva, examinando sus dimensiones culturales, espirituales y metafísicas. A través de diversas tradiciones y prácticas, este período se ve como un momento oportuno para que las personas liberen lo que ya no les sirve, se involucren en la introspección y preparen el escenario para nuevos comienzos.

Culturalmente, la fase gibosa menguante a la luna nueva se ha entretejido en el tejido de rituales y celebraciones en diferentes civilizaciones. En la antigua Roma, la diosa lunar Luna, asociada con los cambios cíclicos de la luna, también era venerada durante las fases menguantes. La luna gibosa menguante, que se alejaba lentamente de su plena iluminación, marcaba un momento para reflexionar sobre el paso del tiempo, el flujo y reflujo de la vida y la inevitable renovación. En la cultura china, la luna menguante a menudo se vincula con temas de cierre y finalización, alineándose con la idea de concluir proyectos, liberar viejos patrones y prepararse para lo nuevo.

Desde una perspectiva metafísica, la fase gibosa menguante a la luna nueva es un momento potente para dejar ir las energías e intenciones que han llegado a buen término o que ya no están alineadas con el camino de uno. En las tradiciones mágicas, los practicantes se dedican a los rituales de destierro, liberación y limpieza durante este período. La energía de la luna gibosa menguante se aprovecha para facilitar la eliminación de obstáculos, energías negativas o influencias no deseadas. El trabajo de hechizos durante esta fase puede implicar prácticas como ceremonias de corte de cordón, actos simbólicos de liberación o rituales que se centran en romper viejos patrones.

La luna gibosa menguante también se asocia con la energía "menguante" o decreciente. Este descenso energético se ve como una oportunidad para volverse hacia adentro, reflexionando sobre las experiencias del ciclo lunar pasado y discerniendo lo que necesita ser liberado. La disminución de la luz de la luna se corresponde con una disminución gradual de la energía externa, lo que anima a los individuos a dirigir su atención hacia el interior para el autoexamen y la introspección.

En astrología, la fase gibosa menguante a la luna nueva a menudo ocurre en el signo zodiacal opuesto al del sol. Esta oposición crea una tensión que puede ser canalizada en el proceso de soltar y dejar ir. Las personas pueden encontrar que las circunstancias externas reflejan los procesos internos durante esta fase, lo que les lleva a abordar problemas no resueltos o una carga emocional.

En la mitología hindú, la luna menguante hasta la fase de luna nueva se alinea con el descenso de Chandra, el dios lunar, que simboliza la naturaleza cíclica de la vida y la muerte. Este descenso no se percibe como un final, sino como un paso necesario en la danza eterna de la creación y la disolución. La luna menguante hasta la fase de luna nueva es una invitación a soltar apegos, entregar lo que ha servido a su propósito y prepararse para el próximo ciclo de crecimiento y evolución.

Los rituales de luna menguante a menudo implican prácticas de purificación y limpieza energética. Es costumbre emborronar con hierbas como el palo santo o la salvia porque el humo libera energías embotelladas y crea un área sagrada para la liberación. Los cristales asociados con el dejar ir, como la obsidiana y la turmalina negra, se pueden usar en rituales para absorber y transmutar energías negativas. Estos cristales a menudo se entierran en la tierra o se colocan en agua corriente para limpiar y recargar sus energías para su uso futuro.

La fase gibosa menguante a la luna nueva sirve como un recordatorio de que la liberación es una parte integral de la naturaleza cíclica de la existencia. Así como la luna disminuye en brillo, así también los individuos deben desprenderse periódicamente de lo que ya no sirve a su mayor bien. Este proceso de liberación intencional se alinea con el concepto de "muerte del ego" en las tradiciones espirituales, donde los individuos renuncian a aspectos de su identidad que limitan o dificultan el crecimiento espiritual.

Desde un punto de vista psicológico, la fase gibosa menguante a la luna nueva puede compararse con un período de reflexión y desintoxicación emocional. A medida que la luna mengua, las personas pueden encontrar beneficioso participar en prácticas como escribir un diario, meditar o terapia para explorar y liberar emociones, pensamientos o patrones que ya no son beneficiosos. Esta reflexión interna es crucial para el crecimiento personal y el cultivo de la autoconciencia.

En la magia popular y las prácticas tradicionales, la fase gibosa menguante a la luna nueva es un momento favorable para desterrar hechizos y rituales. Esto puede implicar escribir hábitos, situaciones o energías no deseadas en un pedazo de papel y quemarlo o enterrarlo como un acto simbólico de liberación. Las tradiciones populares a menudo incorporan espejos durante esta fase, creyendo que pueden reflejar y desviar las energías negativas del individuo.

Astrológicamente, la fase gibosa menguante a la luna nueva se asocia con el cierre de ciclos y la preparación para nuevos comienzos. Es un momento para evaluar las acciones pasadas, aprender de las experiencias y hacer borrón y cuenta nueva para el próximo ciclo lunar. El signo astrológico en el que se produce la luna nueva agrega un sabor matizado a esta fase, influyendo en los temas de liberación y renovación en función de las cualidades de ese signo en particular.

En algunas tradiciones de los nativos americanos, la fase gibosa menguante a la luna nueva está vinculada al concepto de la "luna oscura". Este término se refiere a cuando la luna no es visible en el cielo nocturno. Si bien algunas tradiciones diferencian entre la luna oscura y la luna nueva, ambas fases a menudo se asocian con la introspección, el sueño y el aprovechamiento de los reinos invisibles. La luna oscura se considera un momento para ir hacia adentro, buscar la guía del subconsciente y liberar los apegos al mundo material.

Una sensación de calma y quietud marca la transición de la fase gibosa menguante a la fase de luna nueva. La luz menguante de la luna menguante invita a las personas a dirigir su atención hacia adentro, abrazar la oscuridad y encontrar consuelo en el vacío. Es un momento para liberar no solo aspectos tangibles de la vida, sino también intangibles, como creencias obsoletas, cargas emocionales o resentimientos persistentes.

En conclusión, la fase gibosa menguante a luna nueva en el ciclo lunar es un período poderoso y transformador asociado con la liberación y la renovación. Al considerar las cosas desde la perspectiva de las costumbres culturales, las prácticas metafísicas o los procesos psicológicos, esta fase simboliza la naturaleza cíclica de la vida, invitando a los individuos a dejar ir lo que ya no les sirve y hacer espacio para un nuevo crecimiento. La liberación intencional durante este período se alinea con el ritmo universal de creación y disolución, facilitando la evolución personal y espiritual. A medida que la luna entra en la tranquila oscuridad de la luna nueva, lleva consigo el potencial de renacimiento, ofreciendo un lienzo en blanco sobre el cual se pueden sembrar nuevas intenciones en la danza cósmica del ciclo lunar.

CAPÍTULO III

Herramientas a la luz de la luna y configuración del altar

Herramientas esenciales para la magia lunar

La magia lunar, una práctica mística arraigada en antiguas tradiciones y adoptada por los buscadores espirituales contemporáneos, se basa en varias herramientas esenciales para amplificar su potencia y facilitar una conexión más profunda con las energías lunares. Estas herramientas, que van desde representaciones simbólicas hasta instrumentos rituales, sirven como conductos para aprovechar las energías siempre cambiantes de la luna. Al explorar las herramientas esenciales para la magia lunar, profundizamos en el significado y el uso de estos instrumentos, comprendiendo sus roles en los rituales, los hechizos y el cultivo de una relación profunda con la luminaria celestial.

Los cristales y las piedras preciosas se encuentran entre las herramientas más veneradas e indispensables de la magia lunar. Cada cristal tiene propiedades energéticas únicas, lo que los convierte en potentes aliados para alinearse con fases lunares específicas. La piedra lunar, llamada así por su fuerte conexión con la luna, es famosa por mejorar la intuición y la receptividad. Esta piedra etérea se utiliza a menudo durante las fases de luna creciente y luna completa, amplificando las energías de los nuevos comienzos y la manifestación. La selenita, otro cristal estrechamente ligado a la luna, es apreciado por sus propiedades purificadoras y de alta vibración. Los practicantes usan selenita para limpiar y cargar otros cristales, creando un campo de energía armonioso y receptivo para la magia lunar.

La influencia de la luna se extiende más allá del cielo nocturno, dando forma al flujo y reflujo de las mareas oceánicas. El agua, como representación simbólica de la naturaleza fluida de la luna, juega un papel fundamental en los rituales mágicos de la luna. El agua de luna, agua cargada bajo la luz de la luna, se considera una herramienta versátil y potente. Los practicantes recolectan agua lunar durante fases lunares específicas, aprovechando la energía de la luna para imbuir el agua con sus propiedades transformadoras. El agua de luna se utiliza para la purificación ritual, la consagración de herramientas mágicas y la unción durante los hechizos, creando un vínculo sagrado entre el practicante y las fuerzas celestiales en juego.

Las velas son herramientas esenciales en la magia lunar con sus llamas parpadeantes y su conexión elemental con el fuego. La magia de las velas consiste en infundir velas con intenciones y energías específicas, alineándolas con las fases lunares. Durante la luna creciente, las velas a menudo simbolizan el crecimiento de las intenciones y los deseos. Con su pico de energía, la luna llena es un momento para que las velas representen la culminación de los trabajos mágicos. Por el contrario, durante la luna menguante, las velas se convierten en instrumentos para desterrar rituales y liberar energías no deseadas. El color de las velas realza aún más sus correspondencias mágicas, y los practicantes seleccionan tonos que se alinean con sus intenciones y la energía de la fase lunar.

Un altar, un espacio sagrado dedicado a la magia lunar, es un punto focal para rituales y hechizos. La disposición de los elementos en el altar es un reflejo personalizado de las intenciones del practicante y su conexión con la luna. Cristales, velas, agua de luna y otras herramientas se colocan en el altar, creando un espacio armonioso y cargado de energía. El altar es una manifestación física de la energía lunar y un vínculo simbólico entre los poderes celestiales invocados en los rituales mágicos lunares y el plano terrenal.

Las hierbas y plantas, veneradas por sus propiedades mágicas y su conexión con los ciclos de la naturaleza, son herramientas integrales en la magia lunar. Cada hierba tiene correspondencias específicas con las fases lunares, lo que agrega profundidad e intención a los rituales. La artemisa, asociada con la luna y los sueños, se usa a menudo para mejorar las habilidades psíquicas y las experiencias visionarias durante la luna creciente. Con sus cualidades calmantes y purificadoras, la lavanda encuentra un lugar en los altares durante la luna llena para rituales de empoderamiento y manifestación. A medida que la luna mengua, las hierbas como la salvia pueden emplearse para purificar y liberar rituales, liberar energía rancia y dejar espacio para nuevas intenciones.

Con sus superficies reflectantes, los espejos ocupan un lugar especial en la magia de la luna como conductos para aprovechar las energías de la luna. Los espejos se utilizan a menudo en la adivinación, una práctica adivinatoria que consiste en mirar las superficies reflectantes para recibir ideas y visiones. Durante la luna llena, cuando se cree que la energía de la luna está en su apogeo, los espejos se convierten en portales para conectarse con los reinos intuitivo y psíquico. La superficie reflectante del espejo sirve como una puerta simbólica, lo que permite a los practicantes acceder a niveles más profundos de conciencia y recibir orientación de lo invisible.

Las cartas del tarot y otras herramientas de adivinación son importantes en la magia lunar, ya que ofrecen información y orientación alineadas con las energías lunares. Durante la luna creciente, los practicantes pueden participar en prácticas de adivinación para aclarar el potencial de desarrollo de sus intenciones. La luna llena, un momento de mayor intuición, es particularmente auspicioso para la adivinación, ya que se cree que el velo entre los reinos visibles e invisibles se adelgaza. Las cartas del tarot, las barajas de oráculo y las runas se convierten en canales a través de los cuales los practicantes reciben mensajes de los reinos intuitivos, ayudando a alinear las acciones con las energías de la luna.

Las inscripciones y los símbolos, a menudo grabados en velas, cristales o herramientas rituales, sirven como representaciones codificadas de intenciones y energías en la magia lunar. Símbolos como la luna creciente, que representan nuevos comienzos y potencial, encuentran protagonismo durante la fase de luna creciente. La luna llena, símbolo de culminación e iluminación, puede ir acompañada de símbolos que denotan empoderamiento y manifestación. Durante la luna menguante, los símbolos de liberación y limpieza se convierten en puntos focales en los rituales destinados a deshacerse de las energías no deseadas. Estas inscripciones son potentes recordatorios de las intenciones del practicante y proporcionan un vínculo visual entre las herramientas físicas y los reinos metafísicos.

Los aceites de unción, infundidos con esencias botánicas y cargados bajo la luz de la luna, se emplean en la magia lunar para consagrar y amplificar las intenciones. Estos aceites, a menudo elaborados con hierbas y cristales correspondientes a fases lunares específicas, llevan las huellas energéticas de la influencia de la luna. Los rituales de unción, realizados durante las diferentes fases lunares, implican la aplicación de aceites, herramientas mágicas o velas en el cuerpo. Este acto simboliza la invocación de la energía de la luna y la alineación con las intenciones de la luna durante las prácticas de magia lunar.

Los calendarios de fases lunares, una herramienta práctica e informativa, ayudan a los practicantes a planificar y alinear su funcionamiento mágico con las energías específicas de cada fase lunar. Estos calendarios describen las fechas y horas de la luna nueva, creciente, completa y menguante, proporcionando una hoja de ruta para rituales y hechizos intencionales. Los calendarios de fases lunares también incorporan información astrológica, lo que permite a los practicantes considerar las influencias adicionales de los signos del zodíaco en la energía de la luna durante fases específicas. Esta herramienta es un recurso valioso para aquellos que buscan profundizar su conexión con los ciclos de la luna y planificar su funcionamiento mágico en consecuencia.

En conclusión, las herramientas esenciales para la magia lunar forman un arsenal diverso e interconectado, cada una de las cuales facilita de manera única una conexión profunda con las energías lunares. Desde cristales y velas hasta agua y espejos, estas herramientas actúan como conductos, mejorando la potencia de los rituales y hechizos. La selección y el uso de estas herramientas son muy personales, lo que permite a los practicantes adaptar sus prácticas para alinearlas con sus intenciones y las energías específicas de cada fase lunar. Ya sea basándose en tradiciones antiguas o adoptando adaptaciones contemporáneas, aquellos que se dedican a la magia lunar encuentran un rico tapiz de herramientas que amplifican su conexión con la danza celestial de los ciclos lunares. A medida que los practicantes exploran e integran estas herramientas en su repertorio mágico, desbloquean el potencial transformador de la magia lunar, alineando sus intenciones con las energías siempre cambiantes del cielo iluminado por la luna.

Creando un espacio sagrado

Crear un espacio sagrado es una práctica transformadora y profundamente personal que trasciende las fronteras culturales, espirituales e individuales. Es un acto ritualizado de dar forma y consagrar intencionalmente un entorno para invitar a una sensación de paz, conexión y presencia divina. Esta sección explora las dimensiones multifacéticas de la creación de un espacio sagrado, profundizando en el significado, los métodos y las diversas expresiones culturales que abarcan este esfuerzo humano universal.

La creación de un espacio sagrado es una práctica antigua e intercultural profundamente arraigada en la psique humana. A lo largo de la historia, las personas y los grupos han tratado de desarrollar lugares para ritos, ceremonias y momentos de conexión espiritual. El concepto de espacio sagrado abarca las tradiciones religiosas, abarcando iglesias, templos, mezquitas y santuarios. Las culturas indígenas también tienen sus lugares sagrados: paisajes naturales, arboledas o accidentes geográficos específicos que tienen un profundo significado espiritual. Esta universalidad subraya la inclinación humana a buscar o crear espacios que trasciendan lo ordinario, proporcionando una puerta de entrada a lo trascendente.

La importancia de un espacio sagrado radica en su capacidad para servir como santuario para el alma. En este refugio, los individuos pueden alejarse del clamor y las expectativas del mundo exterior. Ya sea dentro de los confines de una habitación designada, un rincón adornado con artefactos significativos o un entorno al aire libre abrazado por la naturaleza, los espacios sagrados se convierten en recipientes para la contemplación, la oración, la meditación y el rejuvenecimiento espiritual. Son lugares donde convergen lo mundano y lo sagrado, ofreciendo a los individuos una conexión tangible con lo divino. Sin embargo, pueden concebirlo.

En muchas tradiciones espirituales, la creación de un espacio sagrado implica una purificación y consagración intencionales. Los rituales, las oraciones y los gestos simbólicos transforman los espacios ordinarios en reinos cargados de energía espiritual. En el cristianismo, consagrar una iglesia implica invocar bendiciones divinas, ungir con óleos sagrados y realizar rituales para apartar el espacio para las prácticas sagradas. De manera similar, en el hinduismo, la consagración de un templo es una ceremonia meticulosamente coreografiada que involucra rituales intrincados y la infusión de energía divina en el santuario del templo. Estas prácticas subrayan la creencia de que el espacio físico puede convertirse en un recipiente para lo sagrado, como un puente entre los reinos material y espiritual.

Las personas que se involucran en prácticas espirituales personales o eclécticas también aceptan la creación de un espacio sagrado dentro de sus hogares o entornos elegidos. El proceso a menudo implica la selección de objetos significativos, como velas, cristales, íconos religiosos o artefactos personales dispuestos con intencionalidad. La colocación de estos elementos no es arbitraria; En cambio, refleja el camino espiritual único del practicante, conectándolo con símbolos y energías que resuenan con sus creencias y aspiraciones. La consagración puede implicar oraciones, invocaciones o una mentalidad enfocada que impregne el espacio con reverencia.

Con su belleza inherente y su poder transformador, la naturaleza sirve como un espacio sagrado para muchas personas. Ya sea una arboleda aislada, la cima de una montaña, un río que fluye o una pradera serena, el aire libre ofrece un lienzo para crear espacios sagrados sin ataduras de paredes o estructuras artificiales. Las culturas indígenas de todo el mundo han reconocido durante mucho tiempo la santidad de los paisajes naturales, considerándolos sus portales a lo divino. El acto intencional de comulgar con la naturaleza a través de la meditación, la ceremonia o la reflexión solitaria puede transformar un lugar elegido en un espacio sagrado que fomenta una profunda conexión con la tierra y el cosmos.

Los métodos empleados para crear un espacio sagrado son tan diversos como las culturas y los sistemas de creencias que participan en esta práctica. Un hilo común, sin embargo, es el enfoque intencional y consciente para organizar y consagrar el espacio. El proceso a menudo comienza con la limpieza del espacio del desorden y las energías discordantes. Esto se puede lograr a través de la limpieza física, el emborronamiento con plantas sagradas como el palo santo o la salvia, o el uso de sonidos, como campanas o cuencos tibetanos, para disipar las energías estancadas. La limpieza simboliza la preparación del lienzo para infundir energías positivas y sagradas.

La selección y disposición de los objetos significativos son fundamentales para crear un espacio sagrado. Estos objetos, a menudo llamados artículos de altar, pueden incluir símbolos religiosos, velas, cristales, esculturas y recuerdos personales. El arreglo está guiado por las inclinaciones espirituales del practicante y la energía que desea cultivar dentro del espacio. Por ejemplo, un altar de meditación puede presentar elementos que promuevan la serenidad y la introspección, mientras que un altar dedicado a rituales puede incluir herramientas asociadas con la tradición específica del practicante.

La iluminación natural y artificial son elementos cruciales para establecer el ambiente de un espacio sagrado. Las velas, con sus llamas parpadeantes, se utilizan ampliamente para representar la iluminación y la presencia espiritual. El color y el aroma de las velas se pueden elegir en función de su correspondencia con intenciones o energías específicas. La luz natural, si está disponible, a menudo se considera auspiciosa y se utiliza para mejorar la vitalidad del espacio. Las ventanas pueden estar adornadas con telas transparentes o cristales para refractar y difundir la luz solar, creando una atmósfera serena y etérea.

El uso de la geometría y los patrones sagrados contribuye a la alineación energética de un espacio sagrado. Se pueden incorporar mandalas, diseños de laberintos o arreglos específicos de objetos para evocar una sensación de armonía y equilibrio. Se cree que estos patrones geométricos resuenan con energías universales y símbolos arquetípicos, sirviendo como conductos para que el practicante se sintonice con estados superiores de conciencia. El uso deliberado de la geometría se alinea con la creencia de que formas y patrones específicos llevan frecuencias vibratorias inherentes que pueden mejorar la atmósfera espiritual de un espacio.

Los paisajes sonoros, incluidos los cantos, los mantras, la música o los relajantes sonidos de la naturaleza, contribuyen al ambiente auditivo de un espacio sagrado. El sonido puede evocar emociones específicas, alterar la conciencia y crear un estado receptivo para las prácticas espirituales. Las campanas, los cuencos tibetanos o las campanillas de viento se emplean a menudo por su capacidad para producir tonos resonantes que despejan las energías estancadas y sintonizan el espacio con frecuencias más altas. El componente auditivo de un espacio sagrado agrega una capa dinámica a la experiencia general, involucrando múltiples sentidos en sintonía espiritual.

La intuición y la resonancia personal guían la selección de colores en un espacio sagrado. Los diferentes tonos tienen cualidades energéticas y correspondencias únicas, que influyen en la atmósfera general del espacio. Los tonos cálidos como el rojo y el naranja pueden incorporarse para la vitalidad y la pasión, mientras que los tonos fríos como el azul y el verde evocan tranquilidad y curación. Los antecedentes culturales, la tradición espiritual y las preferencias personales del practicante juegan un papel importante en la determinación de la paleta de colores de su espacio sagrado. El uso intencional de los colores se alinea con la comprensión de que los estímulos visuales pueden afectar profundamente la dinámica energética y emocional de un espacio.

Los textos sagrados, las escrituras o las afirmaciones escritas a menudo se incluyen en la creación de un espacio sagrado. Estos elementos escritos anclan las intenciones del practicante, proporcionando un vínculo tangible con las enseñanzas sagradas o las afirmaciones personales. Ya sea que se trate de una escritura religiosa, un libro de poesía o afirmaciones escritas a mano, la presencia de palabras escritas refuerza el carácter sagrado del espacio. Actúa como un punto focal para la meditación y la reflexión.

El espacio sagrado no es estático, sino un reflejo dinámico y evolutivo del viaje espiritual del practicante. El cuidado y el mantenimiento regulares son vitales para garantizar que el área se mantenga en sintonía energética y apoye las prácticas espirituales. Esto puede implicar rituales de limpieza periódicos, reorganizar los elementos del altar en función de la evolución de las intenciones o introducir nuevos elementos que resuenen con el crecimiento espiritual del practicante. El compromiso intencional con el espacio sagrado fomenta una relación continua, donde el espacio se convierte en una expresión viva del paisaje interior del practicante.

En conclusión, crear un espacio sagrado es una práctica profunda y universal que trasciende las fronteras culturales, religiosas e individuales. Es un acto intencional y transformador que permite a las personas conectarse con lo sagrado a través de tradiciones religiosas establecidas, prácticas espirituales personales o comunión con la naturaleza. Los métodos empleados para crear un espacio sagrado son diversos, reflejando las perspectivas e intenciones únicas de los practicantes. Desde la limpieza de energías hasta la disposición de objetos significativos, desde el uso del simbolismo hasta la incorporación de sonido y luz, cada elemento contribuye al tapiz general de un espacio que invita a la trascendencia, la contemplación y la conexión con lo divino. A medida que las personas continúan explorando y adaptando esta práctica, la creación de espacios sagrados se convierte en un viaje atemporal y evolutivo, un testimonio de la búsqueda humana duradera de lo sagrado en medio de lo ordinario.

Decoración y simbolismo del altar

La decoración y el simbolismo del altar son parte integral de las prácticas espirituales y mágicas en diversas culturas y sistemas de creencias. Un altar, un espacio sagrado designado para actividades rituales y ceremoniales, es un punto focal para que los practicantes se conecten con lo divino, establezcan intenciones y participen en energías transformadoras. Los elementos elegidos para adornar un altar se seleccionan cuidadosamente en función de su significado simbólico, alineándose con el camino espiritual del practicante, las intenciones y las energías de los rituales específicos. Esta sección explora el rico tapiz de la decoración y el simbolismo del altar, profundizando en cómo las personas crean espacios sagrados significativos y potentes.

En el corazón de la decoración y el simbolismo del altar se encuentra la intención de crear un espacio con energía y resonancia espiritual. Cada elemento en el altar sirve como un conducto para que el practicante se conecte con energías, deidades o principios espirituales específicos. R venerados por sus propiedades energéticas únicas; Los cristales encuentran un lugar destacado en muchos altares. Desde la energía de conexión a tierra de la hematita hasta las intuiciones intuitivas de la amatista, los cristales se seleccionan en función de sus correspondencias con las intenciones del practicante y las fases de la luna u otros ciclos celestes.

Las velas, con sus llamas parpadeantes, son omnipresentes en la decoración de altares en varias tradiciones espirituales. El simbolismo del fuego representa la transformación, la iluminación y la llama sagrada que conecta el reino terrenal con el divino. El color de las velas contribuye aún más al simbolismo, ya que cada tono resuena con intenciones y energías específicas. Por ejemplo, una vela roja puede simbolizar la pasión y la vitalidad, mientras que una vela azul puede representar la tranquilidad y la comunicación espiritual.

Las estatuas y las imágenes de deidades o figuras espirituales juegan un papel central en la decoración del altar, encarnando las cualidades divinas y las energías arquetípicas asociadas con estos seres. En el hinduismo, los altares a menudo cuentan con estatuas de dioses y diosas como Ganesha para eliminar obstáculos o Lakshmi para la abundancia. Del mismo modo, en las tradiciones wiccanas, los altares pueden incluir representaciones del Dios y la Triple Diosa. Estas figuras son puntos focales para la devoción, la meditación y la invocación de cualidades o bendiciones específicas.

Los símbolos sagrados, imbuidos de significado esotérico, encuentran un lugar en los altares como potentes herramientas para la transformación y la conexión. El pentáculo, un antiguo símbolo de protección y los elementos, se usa comúnmente en las tradiciones wiccanas y paganas. El símbolo om, que resuena con la vibración del universo, es venerado en el hinduismo y otros caminos espirituales orientales. Estos símbolos actúan como puertas de entrada, alineando al practicante con los reinos superiores y proporcionando un lenguaje visual para expresar conceptos espirituales.

Las hierbas y los productos botánicos, a menudo secos o dispuestos en paquetes, contribuyen a la decoración del altar y traen las energías del mundo natural al espacio sagrado. Los manojos de salvia, utilizados para difuminar y purificar, prevalecen en muchas prácticas espirituales indígenas y contemporáneas. La lavanda, asociada con la curación y la tranquilidad, puede encontrar su lugar en los altares dedicados a la meditación y la serenidad. Las hierbas conectan al practicante con las energías de la tierra y agregan una dimensión sensorial al espacio del altar.

Los altares ancestrales, que honran a los seres queridos y antepasados fallecidos, están adornados con elementos que simbolizan la conexión y el recuerdo. Las fotografías, los recuerdos y las pertenencias personales de los antepasados sirven como vínculos tangibles con el pasado. Ofrendas como comida, bebida u objetos simbólicos se colocan en el altar ancestral para nutrir y honrar los espíritus de los que han fallecido. El simbolismo de los altares ancestrales es profundamente personal, reflejando las relaciones y legados únicos del linaje familiar del practicante.

Con sus distintas energías y simbolismo, las fases de la luna influyen en la decoración del altar en prácticas como la magia lunar y la brujería. Durante la luna creciente, cuando la energía se está acumulando y las intenciones están ganando impulso, los altares pueden presentar símbolos de crecimiento, como flores en flor o representaciones de la luna creciente. La luna llena, un momento de culminación e iluminación, inspira altares adornados con elementos que simbolizan la manifestación y la energía máxima. Por el contrario, la luna menguante requiere una decoración del altar que se alinee con la liberación y el dejar ir, incorporando símbolos de finalización y cierre.

Los símbolos astrológicos, correspondientes a las posiciones de los cuerpos celestes en momentos específicos, agregan una capa de complejidad a la decoración y el simbolismo del altar. Los practicantes que trabajan con astrología pueden incluir símbolos de su signo zodiacal, símbolos planetarios u otras correspondencias astrológicas en sus altares. Este lenguaje cósmico mejora la capacidad del practicante para sintonizarse con las influencias energéticas de los cuerpos celestes y los eventos astrológicos.

Los manteles de altar, elegidos por su color, textura y simbolismo, forman la base de la decoración del altar. El color de la tela a menudo se alinea con las intenciones del practicante y las energías que desea invocar. En muchas tradiciones, los colores específicos tienen significados simbólicos; Por ejemplo, el verde puede simbolizar la prosperidad, mientras que el blanco representa la pureza y la iluminación espiritual. La textura de la tela añade una dimensión táctil al altar, influyendo en la experiencia sensorial general del espacio sagrado.

Las cartas del tarot, las barajas de oráculo o las runas pueden encontrar un lugar en los altares como herramientas para la adivinación y la guía espiritual. El practicante puede robar cartas o lanzar runas para recibir ideas, mensajes o claridad en su viaje espiritual. La inclusión de herramientas de adivinación en el altar enfatiza el compromiso del practicante de buscar la guía de los reinos superiores y alinearse con la sabiduría intuitiva.

Las campanas, campanillas u otros instrumentos de sonido contribuyen a la decoración del altar al agregar un elemento auditivo al espacio sagrado. El sonido producido por estos instrumentos sirve como medio para limpiar energías estancadas, marcar transiciones entre fases rituales o invocar seres espirituales. El uso intencional del sonido mejora la frecuencia vibratoria del altar, creando un ambiente dinámico y resonante.

Los textos sagrados, las escrituras o los libros que tienen un significado espiritual a menudo se colocan en los altares como fuentes de sabiduría e inspiración. Estos textos pueden incluir escrituras religiosas, grimorios, poesía o escritos filosóficos. La presencia de textos sagrados sirve como un recordatorio de los principios espirituales del practicante y proporciona un vínculo tangible con las enseñanzas que guían su camino.

Los objetos personales, cargados de valor sentimental o emocional, encuentran un lugar en los altares para infundir al espacio sagrado la energía única del practicante. Estos pueden incluir fotografías, reliquias u objetos simbólicos que tengan un significado personal. Tener artículos personales agrega una capa de intimidad al altar, creando un espacio que está cargado espiritualmente y profundamente conectado con el viaje del practicante.

La colocación y disposición de los elementos en un altar no son arbitrarios; En cambio, se guían por los principios de la geometría sagrada y la alineación energética. Los practicantes a menudo organizan los elementos para crear equilibrio, simetría y un flujo armonioso de energía. La colocación intencional de elementos en el altar refleja la comprensión del practicante de la dinámica energética y su capacidad para sintonizar el espacio con frecuencias más altas.

En conclusión, la decoración y el simbolismo del altar forman un tapiz rico e intrincado en prácticas espirituales y mágicas. Los altares sirven como portales a lo divino, lo que permite a los practicantes comprometerse con energías transformadoras, establecer intenciones y cultivar una conexión más profunda con lo sagrado. Los elementos elegidos para la decoración del altar están imbuidos de un significado simbólico, representando energías arquetípicas, tradiciones culturales e intenciones personales.

Ya sea adornados con cristales, velas, estatuas, símbolos u objetos personales, los altares se convierten en expresiones vivas del viaje espiritual del practicante, evolucionando y resonando con las corrientes siempre cambiantes de su paisaje interior. A medida que las personas continúan explorando y adaptando la práctica de la decoración y el simbolismo del altar, desbloquean el potencial de experiencias espirituales profundas, aprovechando la sabiduría atemporal que trasciende las fronteras culturales e individuales.

CAPÍTULO IV

Correspondencias lunares

Luna en los signos del zodiaco

El viaje de la Luna a través de los doce signos del zodíaco es una danza celestial que influye en el flujo y reflujo de las emociones, los instintos y las energías internas. La Luna, el cuerpo celeste más cercano a la Tierra, afecta profundamente la psicología humana. Se dice que las inclinaciones emocionales, los patrones subconscientes y las reacciones de un individuo están moldeados por la ubicación de su carta natal en el zodíaco. La Luna simboliza el yo interior, el entorno cambiante y las respuestas innatas que dirigen nuestras acciones en astrología. Cada signo del zodíaco imbuye claramente a la Luna, influyendo en el trasfondo emocional de la personalidad de una persona. Esta sección ilumina el colorido tapiz que esta luminaria celestial teje examinando las sutiles manifestaciones de la Luna en cada signo del zodiaco.

Aries, el primer signo del zodíaco, infunde a la Luna una energía ardiente y asertiva. Un enfoque apasionado e impulsivo de las emociones caracteriza a aquellos con la Luna en Aries. Sus sentimientos son dinámicos y vibrantes, a menudo expresados con entusiasmo y espontaneidad. La Luna en Aries imbuye a las personas con un sentido de independencia y un deseo de autonomía emocional. Sin embargo, pueden surgir desafíos cuando la impaciencia o la impulsividad tienen prioridad, lo que lleva a estallidos emocionales repentinos. Nutrir la Luna de Aries implica dejar espacio para la autoexpresión, fomentar salidas saludables para la pasión y fomentar un equilibrio entre la independencia y la colaboración.

Tauro, un signo de tierra regido por Venus, otorga a la Luna estabilidad, sensualidad y una influencia de conexión a tierra. La necesidad de seguridad y comodidad a menudo caracteriza a las personas con la Luna en Tauro. Las lunas de Tauro encuentran consuelo en las rutinas, las comodidades materiales y la belleza de la naturaleza. Si bien su panorama emocional es generalmente tranquilo, pueden surgir desafíos si se apegan demasiado a lo familiar o se resisten al cambio. Nutrir la Luna en Tauro implica crear un entorno estable y estéticamente agradable, participar en experiencias sensoriales y cultivar la flexibilidad frente al cambio.

Géminis, un signo de aire regido por Mercurio, imparte a la Luna curiosidad intelectual, adaptabilidad y necesidad de estimulación mental. Aquellos con la Luna en Géminis se caracterizan por una naturaleza emocional de mercurio, donde los sentimientos se procesan a través de la lente de la mente. La comunicación es un aspecto crucial de la expresión emocional para las lunas de Géminis, que pueden encontrar consuelo en verbalizar sus emociones o participar en diversas interacciones sociales. Los desafíos pueden surgir cuando la mente se siente abrumada, lo que lleva a la inquietud o al desapego emocional. Nutrir la Luna de Géminis implica fomentar las actividades intelectuales, fomentar la comunicación abierta y proporcionar salidas para la estimulación mental.

Cáncer, el signo regente de la Luna, aporta una profunda profundidad emocional y una cualidad nutritiva al paisaje lunar. Las personas con la Luna en Cáncer están muy en sintonía con sus emociones y poseen un fuerte instinto para el cuidado. La familia y el hogar juegan un papel central en su realización emocional, y existe una inclinación natural a crear un ambiente seguro y enriquecedor. Si bien la Luna de Cáncer es empática y compasiva, pueden surgir desafíos cuando la sensibilidad emocional se vuelve abrumadora o cuando hay resistencia al cambio. Nutrir la Luna de Cáncer implica honrar las necesidades emocionales, crear un entorno hogareño de apoyo y desarrollar límites saludables.

Leo, el signo de fuego regido por el Sol, mejora el poder de la Luna con una pizca de dramatismo, originalidad y autoexpresión. Aquellos con la Luna en Leo se caracterizan por la necesidad de reconocimiento, admiración y libertad para expresar su auténtico yo. Las emociones se experimentan con un toque teatral y hay un deseo de ser vistos y apreciados. Los desafíos pueden surgir cuando la necesidad de validación se vuelve excesiva o el orgullo interfiere con la vulnerabilidad. Nutrir la Luna de Leo implica celebrar la individualidad, fomentar la expresión creativa y fomentar un sentido de autoestima independiente de la validación externa.

Virgo, un signo de tierra regido por Mercurio, infunde a la Luna practicidad, habilidades analíticas y una inclinación por la organización. Los individuos con la Luna en Virgo se caracterizan por una necesidad de orden, eficiencia y deseo de servir. Las emociones se procesan a través de una lente de discernimiento, y hay un enfoque práctico para la crianza y el cuidado. Los desafíos pueden surgir cuando la búsqueda de la perfección se convierte en una fuente de ansiedad o pensamiento excesivo. Nutrir la Luna de Virgo implica crear entornos organizados y armoniosos, participar en el autocuidado práctico y cultivar la autocompasión.

Libra, un signo de aire regido por Venus, agrega un sentido de armonía, diplomacia y un anhelo de conexión con la influencia de la Luna. La necesidad de equilibrio, belleza y relaciones armoniosas caracteriza a aquellos con la Luna en Libra. A menudo se experimentan emociones sobre los demás, y existe un deseo de justicia y cooperación. Los desafíos pueden surgir cuando la búsqueda de la armonía conduce a evitar el conflicto o cuando hay una tendencia a priorizar las necesidades de los demás sobre las propias. Nutrir la Luna de Libra implica cultivar el equilibrio en las relaciones, crear entornos estéticamente agradables y desarrollar la asertividad.

Escorpio, un signo de agua regido por Plutón, aporta intensidad, profundidad y cualidades transformadoras a la influencia de la Luna. Una profunda profundidad emocional, un deseo de autenticidad y una comprensión innata de los reinos ocultos de la emoción caracterizan a los individuos con la Luna en Escorpio. Las emociones se experimentan con intensidad, y existe la necesidad de una conexión e intimidad profundas. Los desafíos pueden surgir cuando la intensidad emocional conduce a luchas de poder o resistencia a la vulnerabilidad. Nutrir la Luna en Escorpio implica abrazar la autenticidad emocional, fomentar conexiones profundas y participar en prácticas transformadoras.

Sagitario, un signo de fuego regido por Júpiter, imparte a la Luna cualidades aventureras, optimistas y expansivas. La necesidad de libertad, exploración y un enfoque filosófico de las emociones caracteriza a quienes tienen la Luna en Sagitario. Las emociones se viven con entusiasmo, y hay un deseo de crecimiento y expansión. Los desafíos pueden surgir cuando la inquietud interfiere con la profundidad emocional o cuando hay una tendencia a evitar la intimidad emocional. Nutrir la Luna de Sagitario implica fomentar la exploración, abrazar el sentido del humor y fomentar una conexión con verdades más elevadas.

Capricornio, un signo de tierra regido por Saturno, agrega un sentido de disciplina, responsabilidad y ambición a la influencia de la Luna. Los individuos con la Luna en Capricornio se caracterizan por una necesidad de estructura, logros y un deseo de dominio sobre las emociones. Las emociones a menudo se abordan con un sentido práctico y existe una inclinación natural a asumir responsabilidades. Los desafíos pueden surgir cuando la búsqueda del éxito se convierte en una fuente de desapego emocional o cuando existe miedo a la vulnerabilidad. Nutrir la Luna de Capricornio implica crear metas alcanzables, establecer límites saludables y equilibrar el trabajo y el bienestar emocional.

Acuario, un signo de aire regido por Urano, infunde a la Luna innovación, independencia y un deseo de progreso colectivo. La necesidad de individualidad, estimulación intelectual y un sentido de propósito social caracteriza a aquellos con la Luna en Acuario. Las emociones a menudo se experimentan con una perspectiva desapegada y objetiva, y existe el deseo de contribuir al bien común. Los desafíos pueden surgir cuando el desapego emocional interfiere con las relaciones personales o cuando hay resistencia a la vulnerabilidad. Nutrir la Luna de Acuario implica abrazar la singularidad, fomentar la comunidad y participar en actividades progresivas y humanitarias.

Una profunda sensibilidad emocional, un rico mundo interior y un deseo de trascendencia caracterizan a los individuos con la Luna en Piscis. Las emociones se experimentan con empatía y una cualidad fluida e imaginativa. Los desafíos pueden surgir cuando los límites emocionales se vuelven borrosos o cuando hay una tendencia a escapar a la fantasía. Nutrir la Luna de Piscis implica cultivar la creatividad, abrazar las ideas intuitivas y crear un espacio sagrado para la expresión emocional.

En conclusión, el viaje de la Luna a través de los signos del zodíaco teje intrincadamente un tapiz de matices emocionales, coloreando el paisaje interior de los individuos con su influencia celestial. Cada ubicación ofrece una combinación única de cualidades, instintos y tendencias que dan forma a la forma en que se experimentan y expresan las emociones. Comprender la posición de la Luna en la carta natal proporciona información valiosa sobre las necesidades y reacciones emocionales de uno y cómo el yo interior busca la plenitud y la conexión con la danza cósmica más extensa. A medida que las personas exploran la profundidad y la riqueza de su signo lunar, descubren un aspecto profundo de su identidad astrológica, abriendo la puerta a una comprensión más profunda del yo y de las corrientes emocionales que dan forma a su viaje por la vida.

La Luna en las Casas Astrológicas

La ubicación de la Luna en las casas astrológicas es fundamental para comprender la interacción matizada entre las emociones, los instintos y las diversas áreas de la vida. Como una de las luminarias más influyentes de la astrología, la Luna simboliza nuestro yo interior, las respuestas emocionales y los patrones subconscientes que dan forma a nuestras experiencias. Las doce casas astrológicas representan diferentes facetas de la vida, cada una de las cuales influye en áreas específicas como las relaciones, la carrera, el hogar y la identidad personal. Cuando la Luna está situada en una casa en particular en el momento del nacimiento, colorea el paisaje emocional. Da forma al enfoque del individuo hacia los temas asociados con esa casa. Esta sección explora las diversas expresiones de la Luna en cada casa astrológica, arrojando luz sobre cómo se manifiestan las influencias lunares en el contexto de varios dominios de la vida.

La Luna en la primera casa, a menudo asociada con el yo y la identidad, imbuye a los individuos de una fuerte presencia emocional. Estos individuos están profundamente sintonizados con su mundo interior, y las emociones son fácilmente visibles en su comportamiento. La Luna en la primera casa sugiere una persona que responde instintivamente al entorno y posee una aguda conciencia de sí misma. Esta ubicación puede mejorar la expresividad emocional, haciendo que estas personas sean abiertas y accesibles. Sin embargo, pueden surgir desafíos si hay una tendencia a ser demasiado reactivo o si las fluctuaciones emocionales afectan el sentido de sí mismo. Nutrir a la Luna en la primera casa implica cultivar una autoimagen saludable, abrazar la autenticidad emocional y desarrollar un enfoque equilibrado de la autoexpresión.

Cuando la Luna adorna la segunda casa, asociada con los valores, los recursos y la autoestima, la satisfacción emocional a menudo se entrelaza con la seguridad material. Las personas con la Luna en la segunda casa pueden encontrar consuelo y estabilidad emocional en un entorno financiero seguro y estable. Existe una profunda conexión entre las emociones y el mundo material; Estos individuos pueden obtener un sentido de autoestima de sus posesiones. Pueden surgir desafíos si hay un énfasis excesivo en la seguridad terrenal como fuente de bienestar emocional o un temor a la inestabilidad financiera. Nutrir a la Luna en la segunda casa implica encontrar la satisfacción emocional a través de un enfoque equilibrado de las necesidades materiales y emocionales, cultivar la autoestima independientemente de las posesiones y desarrollar una relación saludable con el dinero.

La Luna en la tercera casa, asociada con la comunicación, el aprendizaje y los hermanos, sugiere una fuerte conexión emocional con las ideas y la información. Estas personas pueden tener una profunda necesidad de estimulación intelectual y satisfacción emocional a través de la comunicación. Existe una curiosidad natural y una receptividad a las nuevas ideas, y las emociones pueden expresarse a través de medios verbales o escritos. Los desafíos pueden surgir si hay una tendencia a volverse demasiado analítico o si las emociones se suprimen en favor de la racionalidad. Nutrir la Luna en la tercera casa implica fomentar una comunicación abierta y honesta, participar en el aprendizaje continuo y encontrar la satisfacción emocional a través de actividades intelectuales.

Las emociones encuentran su expresión más profunda en la cuarta casa, el hogar natural de la Luna en la carta astral. Esta ubicación se asocia con las raíces, el hogar, la familia y el entorno de crianza. Los individuos con la Luna en la cuarta casa están profundamente conectados con su herencia familiar y ancestral, y la realización emocional a menudo se busca a través de un sentido de pertenencia y seguridad en el hogar. Existe un fuerte deseo de una vida familiar estable y enriquecedora, y estas personas pueden encontrar consuelo en la creación de un ambiente hogareño armonioso. Pueden surgir desafíos si la resistencia al cambio o la seguridad emocional están ligadas al pasado. Nutrir a la Luna en la cuarta casa implica crear un ambiente hogareño de apoyo, conectarse con las raíces familiares y abrazar la vulnerabilidad emocional.

Cuando la Luna adorna la quinta casa, asociada con la creatividad, la autoexpresión y el romance, las emociones encuentran una salida a través de actividades creativas y pasiones personales. Una naturaleza emocional vibrante y expresiva caracteriza a los individuos con la Luna en la quinta casa. Existe un deseo de autoexpresión lúdica, y las emociones pueden canalizarse hacia esfuerzos artísticos o relaciones románticas. Estas personas pueden buscar la realización emocional a través de actividades que traen alegría y autoexpresión. Los desafíos surgen si hay una tendencia a buscar validación a través de fuentes externas o si las emociones se vuelven demasiado dramáticas. Nutrir a la Luna en la quinta casa implica abrazar salidas creativas, fomentar un sentido de juego y encontrar satisfacción emocional a través de la autoexpresión.

En la sexta casa, asociada con el trabajo, la salud y las rutinas diarias, la Luna influye en el bienestar emocional a través del servicio y las actividades prácticas. Los individuos con la Luna en la sexta casa pueden encontrar satisfacción emocional en un enfoque estructurado y organizado de la vida diaria. Una cualidad enriquecedora se expresa a través de actos de servicio y el deseo de un ambiente de trabajo saludable y armonioso. Pueden surgir desafíos si hay un enfoque excesivo en el perfeccionismo o se suprimen las emociones en favor de las tareas rutinarias. Nutrir a la Luna en la sexta casa implica cultivar una rutina diaria equilibrada y saludable, encontrar satisfacción emocional a través de actos de servicio y abordar las necesidades emocionales en el trabajo y la salud.

Cuando la Luna ocupa la séptima casa, asociada con las asociaciones, las relaciones y las conexiones uno a uno, las emociones están íntimamente ligadas a la dinámica interpersonal. Las personas con la Luna en la séptima casa buscan la realización emocional a través de relaciones y asociaciones cercanas. Hay un fuerte deseo de armonía, conexión emocional y comprensión mutua en las relaciones. Los desafíos pueden surgir si el miedo a la vulnerabilidad emocional o la dependencia de los demás para la realización emocional se vuelve excesivo. Nutrir a la Luna en la séptima casa implica fomentar relaciones sanas y equilibradas, desarrollar la autenticidad emocional en las asociaciones y reconocer la interdependencia de las emociones dentro del contexto de las relaciones.

En la octava casa, asociada a la transformación, los

recursos compartidos y las conexiones íntimas, la Luna se adentra en las profundidades de la intensidad emocional. Los individuos con la Luna en la octava casa pueden experimentar emociones profundas y complejas. Hay una inclinación natural hacia la transformación emocional y un deseo de conexiones intensas e íntimas. La satisfacción emocional puede buscarse a través de experiencias compartidas y una comprensión profunda de los misterios de la vida. Pueden surgir desafíos si el miedo a la vulnerabilidad o la intensidad emocional conducen a luchas de poder. Nutrir a la Luna en la octava casa implica abrazar la profundidad emocional, cultivar la intimidad en las relaciones y navegar por los aspectos transformadores de las emociones.

La Luna en la novena casa, asociada con la educación superior, la filosofía y los viajes, sugiere una conexión entre las emociones y la búsqueda del conocimiento y la comprensión. Las personas con la Luna en la novena casa pueden encontrar satisfacción emocional a través de la exploración, el aprendizaje y una perspectiva más amplia. Hay un deseo de significado y propósito, y las emociones pueden expresarse a través de búsquedas filosóficas o espirituales. Los desafíos pueden surgir si uno evita la profundidad emocional en favor de las búsquedas intelectuales o la resistencia a explorar nuevas perspectivas. Nutrir la Luna en la novena casa implica integrar las emociones con la búsqueda de un conocimiento superior, abrazar diversos sistemas de creencias y encontrar la satisfacción emocional a través de experiencias expansivas.

Cuando la Luna adorna la décima casa, asociada con la carrera, la vida pública y los logros, las emociones están estrechamente ligadas a la identidad profesional y a la imagen pública. Las personas con la Luna en la décima casa pueden encontrar satisfacción emocional a través del éxito profesional, el reconocimiento público y una sensación de logro. Existe un deseo de seguridad emocional en la esfera pública, y las cualidades de crianza pueden expresarse a través de un papel profesional. Pueden surgir desafíos si hay un énfasis excesivo en la validación externa o si se suprimen las emociones en la búsqueda de objetivos profesionales. Nutrir la Luna en la décima casa implica alinear los esfuerzos profesionales con la realización emocional, equilibrar la vida pública y privada, y reconocer el impacto de las emociones en las aspiraciones profesionales.

En la undécima casa, asociada con la comunidad, las conexiones sociales y las aspiraciones, la Luna influye en las emociones a través de un sentido de pertenencia a un colectivo más grande. Las personas con la Luna en la undécima casa pueden encontrar satisfacción emocional a través de conexiones sociales, actividades grupales e ideales compartidos. Existe el deseo de un sentido de comunidad y apoyo emocional de personas de ideas afines. Pueden surgir desafíos si existe miedo a la vulnerabilidad emocional en entornos grupales o si se descuidan las necesidades emocionales en la búsqueda de objetivos colectivos. Nutrir a la Luna en la undécima casa implica fomentar un sentido de comunidad, abrazar aspiraciones compartidas y reconocer la importancia de las conexiones emocionales dentro de los círculos sociales.

Cuando la Luna ocupa la duodécima casa, asociada con el subconsciente, la espiritualidad y el inconsciente colectivo, las emociones encuentran expresión en los reinos ocultos de la psique. Los individuos con la Luna en la duodécima casa pueden experimentar profundas emociones espirituales y subconscientes. El deseo de trascendencia emocional se expresa a través de prácticas espirituales, sueños o una conexión con el inconsciente colectivo. Pueden surgir desafíos si uno reprime las emociones o las experiencias emocionales se vuelven abrumadoras. Nutrir la Luna en la duodécima casa implica explorar las profundidades del subconsciente, participar en prácticas espirituales y encontrar la liberación emocional a través de salidas creativas y reflexivas.

En conclusión, la ubicación de la Luna en las casas astrológicas agrega profundidad y complejidad a la comprensión de las influencias emocionales en varias áreas de la vida. Cada casa representa un dominio de vida distinto, y la posición de la Luna da forma al paisaje dinámico dentro de esos dominios. Comprender la interacción entre la Luna y las casas astrológicas proporciona información valiosa sobre cómo las personas buscan la satisfacción emocional, navegan por los desafíos y expresan su yo más íntimo dentro del diverso tapiz de experiencias de la vida. A medida que las personas exploran los matices de la ubicación de su Luna, descubren un aspecto profundo de su identidad astrológica, abriendo la puerta a una comprensión más profunda del yo y de las corrientes emocionales que dan forma a su viaje a través de las complejidades de la existencia.

Alinear hechizos con fases lunares

Alinear los hechizos con las fases lunares es una práctica profunda y consagrada que aprovecha las energías cíclicas de la luna, aprovechando su influencia para mejorar la potencia de los trabajos mágicos. La luna ha captado la atención de las personas con sus fases siempre cambiantes durante milenios, actuando como una guía celestial para diversos esfuerzos místicos y espirituales. La luna es vista como una poderosa aliada en la hechicería, y los practicantes con frecuencia programan sus rituales para que coincidan con fases lunares particulares para sincronizar su magia con los ciclos inherentes del universo.

El ciclo lunar consta de ocho fases distintas, cada una de las cuales tiene cualidades energéticas únicas y un significado simbólico. La Luna Nueva marca el comienzo del ciclo, representando un momento de nuevos comienzos, establecimiento de intenciones y plantación de semillas para el crecimiento futuro. A medida que la luna crece, pasando de la Media Luna Creciente al Cuarto Creciente, la energía se intensifica, apoyando la manifestación, el desarrollo y la amplificación de las intenciones. Esta fase es ideal para hechizos que implican construir, atraer y establecer planes.

La Luna Llena, que ocurre a la mitad del ciclo lunar, es decisiva para el clímax y el pináculo de las operaciones mágicas. Simboliza la abundancia, la iluminación y el cumplimiento de los deseos. Los hechizos lanzados durante la Luna Llena a menudo se centran en la manifestación, la intuición aumentada y el aprovechamiento de la máxima energía lunar. Después de la Luna Llena, las fases menguantes (Gibosa Menguante, Cuarto Menguante y Creciente Menguante) marcan un período de liberación, reflexión y destierro. Estas fases son propicias para hechizos destinados a dejar ir, deshacerse de energías no deseadas y despejar obstáculos.

Uno de los principios fundamentales para alinear los hechizos con las fases lunares es reconocer la influencia de la luna en el flujo y reflujo de la energía. La atracción gravitacional de la luna afecta a las mareas de la Tierra, y al igual que influye en los vastos océanos, se cree que influye en las energías sutiles que fluyen a través de todos los seres vivos. Los practicantes de la magia lunar aprovechan esta atracción gravitatoria, sincronizando sus intenciones con la energía correspondiente de cada fase lunar para amplificar la efectividad de sus hechizos.

La energía es favorable para nuevos comienzos y nuevos comienzos durante la Luna Nueva, cuando la Luna está en conjunción con el Sol y no se ve desde la Tierra. Durante esta etapa, los hechizos se utilizan con frecuencia para iniciar emprender, sembrar semillas de intención y proporcionar la base para el desarrollo. La negrura de la Luna Nueva representa el vacío que es fructífero y da lugar a posibilidades. Para hacer coincidir sus energías con la posibilidad de nuevas manifestaciones, los practicantes pueden participar en rituales como la visualización, la meditación o la magia con velas.

Al pasar a la fase de la Media Luna Creciente, la primera astilla de la luna se hace visible, simbolizando la aparición de la intención en el reino material. Esta fase es ideal para hechizos centrados en el crecimiento, la expansión y la atracción de influencias positivas. Los hechizos pueden implicar técnicas de visualización, la carga de cristales o talismanes y la elaboración de afirmaciones para apoyar las intenciones establecidas durante la Luna Nueva. La energía se intensifica a medida que la luna crece hacia el primer cuarto, impulsando las intenciones hacia adelante y ayudando a generar impulso.

El Cuarto Menguante, a medio camino entre la Luna Nueva y la Luna Llena, es un momento de acción y superación de obstáculos. La energía es dinámica, y los hechizos durante esta fase a menudo están orientados a eliminar barreras, tomar decisiones y dar pasos decisivos hacia las metas. Los rituales pueden implicar el uso de correspondencias como hierbas, colores y símbolos que se alinean con las intenciones del practicante y las cualidades asociadas con la luna en cuarto creciente, como el coraje y la determinación.

La Luna Llena, situada en el pináculo del ciclo lunar, baña el mundo con su luminoso resplandor. Esta fase es un punto crucial para el trabajo con hechizos, ya que ofrece una poderosa oleada de energía para la manifestación, la adivinación y la intuición aumentada. Los hechizos lanzados durante la Luna Llena pueden incluir rituales para la abundancia, el amor y la visión espiritual. La energía radiante de la Luna Llena se aprovecha mediante la carga de cristales y herramientas de consagración, y las ceremonias se realizan bajo su luz etérea.

A medida que la luna pasa a la fase gibosa menguante, comienza a menguar, lo que indica un momento para la reflexión, la evaluación y la liberación. Esta fase es apta para hechizos destinados a desterrar la negatividad, romper hábitos poco saludables y dejar ir lo que ya no sirve. Los practicantes pueden participar en rituales que involucran la limpieza, la purificación y la liberación de energía, lo que permite que la luna menguante apoye el proceso de desprenderse de influencias no deseadas.

El Cuarto Menguante, que marca el viaje de la luna al último cuarto antes de la Luna Nueva, significa un momento de resolución y cierre. Los hechizos durante esta fase pueden centrarse en completar proyectos, resolver conflictos y atar cabos sueltos. La energía todavía está disminuyendo, apoyando el proceso de liberación y haciendo espacio para nuevas intenciones. Los rituales pueden implicar acciones simbólicas de cierre, como quemar comunicados escritos o participar en prácticas meditativas para dar una sensación de resolución.

Esta fase es un momento potente para la introspección profunda, la limpieza espiritual y la preparación para la próxima Luna Nueva. Los hechizos durante esta fase pueden implicar la adivinación, el trabajo con los sueños y la conexión con la mente subconsciente. Los practicantes pueden realizar rituales que facilitan la curación interior, el desarrollo de la intuición y la guía espiritual.

Alinear los hechizos con las fases lunares requiere comprender las energías específicas asociadas con cada fase y una sintonía deliberada de los trabajos mágicos con esas energías. Las fases de depilación se caracterizan por acumular y amplificar la energía, lo que las hace adecuadas para hechizos de crecimiento, atracción y manifestación. Por el contrario, las fases menguantes se asocian con la liberación, el destierro y la limpieza de energías, lo que las hace propicias para hechizos destinados a dejar ir, romper hábitos y eliminar obstáculos.

Los practicantes a menudo usan correspondencias, como colores, hierbas, cristales y símbolos, para alinear sus intenciones con la energía de la luna. Por ejemplo, el verde se puede elegir para hechizos relacionados con el crecimiento y la abundancia, mientras que el negro se puede seleccionar para rituales de destierro y liberación. Se pueden incorporar cristales como la piedra lunar, el cuarzo transparente o la obsidiana para amplificar la resonancia energética del hechizo. Estas correspondencias sirven como herramientas simbólicas que mejoran la conexión del practicante con las cualidades específicas de cada fase lunar.

La magia lunar también enfatiza la importancia del ritual y la ceremonia en el trabajo de hechizos. Los practicantes pueden crear rituales elaborados o ceremonias simples, dependiendo de la intensidad y el enfoque requerido para sus intenciones. Los rituales pueden incluir la meditación, la visualización, la magia con velas y el uso de herramientas mágicas para amplificar la energía y el simbolismo del hechizo. Involucrar los sentidos, como la incorporación de aromas, sonidos y experiencias táctiles, agrega profundidad al ritual y mejora la conexión del practicante con las energías lunares.

La influencia de la luna en el agua es un aspecto importante de la magia lunar, y muchos practicantes incorporan el agua en sus hechizos. Se cree que el agua es un conducto para la energía lunar, y los hechizos que involucran consagración, purificación y manifestación a menudo incluyen el uso de agua cargada de luna. Esto puede implicar colocar agua bajo la luz de la luna para absorber sus energías, crear agua de luna y usarla como una herramienta sagrada en el lanzamiento de hechizos.

Las consideraciones astrológicas también juegan un papel en la alineación de los hechizos con las fases lunares. La luna se mueve a través de cada signo del zodíaco aproximadamente cada dos o tres días, imbuyendo las energías lunares con las cualidades asociadas con cada signo. Los practicantes pueden elegir momentos específicos durante el ciclo lunar cuando la luna está en un signo zodiacal en particular para mejorar la resonancia de sus hechizos. Por ejemplo, lanzar un hechizo de amor durante una Luna Llena en Libra, regido por Venus, puede amplificar las energías asociadas con el amor, la armonía y la asociación.

En conclusión, alinear los hechizos con las fases lunares es una práctica profundamente simbólica y práctica que armoniza las intenciones del practicante con las energías cíclicas de la luna. Las ocho fases del ciclo lunar proporcionan una hoja de ruta para el trabajo con hechizos, guiando a los practicantes a través del establecimiento de intenciones, la manifestación de deseos, la liberación de obstáculos y culminando en un ciclo de renovación. Al comprender las cualidades energéticas de cada fase lunar, incorporar correspondencias y participar en prácticas rituales, los practicantes de la magia lunar aprovechan las fuerzas primarias del cosmos, entretejiendo sus intenciones en la intrincada danza del cielo iluminado por la luna. Ya sea que trabajes con la media luna creciente, la luna llena o la media luna menguante, alinear los hechizos con las fases lunares ofrece una profunda conexión con los ritmos naturales del universo, desbloqueando el potencial de experiencias transformadoras y mágicas en el ámbito de la hechicería.

CAPÍTULO V

Hechizos a la luz de la luna para la magia cotidiana

El amor y las relaciones

El amor y las relaciones constituyen un aspecto fundamental de la experiencia humana, dando forma al tapiz de nuestras vidas con riqueza emocional, alegría y conexiones profundas. Desde las primeras etapas del enamoramiento hasta las complejidades del compromiso a largo plazo, el viaje del amor abarca un espectro de emociones, desafíos y experiencias transformadoras. Comprender la dinámica del amor y las relaciones implica profundizar en las complejidades de la conexión humana y explorar los factores psicológicos, emocionales y sociales que contribuyen a la formación, el mantenimiento y la evolución de las relaciones románticas.

Los cimientos del amor a menudo encuentran sus raíces en la atracción, una fuerza magnética que une a los individuos en una danza de descubrimiento. Alimentada por factores genéticos, hormonales y culturales, la atracción física prepara el escenario para la chispa inicial que enciende el interés romántico. A medida que las personas navegan por el panorama de la atracción, los factores psicológicos como la compatibilidad de la personalidad, los valores compartidos y los intereses cotidianos son fundamentales para profundizar la conexión. El proceso de enamoramiento es una compleja interacción de elecciones conscientes, deseos subconscientes y la misteriosa alquimia de la química.

Las primeras etapas de una relación romántica se caracterizan por el enamoramiento, un estado marcado por emociones intensas, un enfoque intenso en el objeto de afecto y una sensación de euforia. Esta fase de enamoramiento, a menudo llamada el "período de luna de miel", es un momento de exploración y alegría en el que las parejas se deleitan con la novedad de su conexión. Sin embargo, a medida que la oleada inicial de enamoramiento comienza a asentarse, las parejas entran en una fase de prueba de realidad. Esta etapa está marcada por una exploración más profunda de las personalidades, valores y peculiaridades de cada uno, lo que proporciona una comprensión más matizada de la compatibilidad y los posibles desafíos.

En esta etapa es cuando la comunicación, esencial para las relaciones felices, se vuelve aún más crítica. Además de expresar ideas y emociones, la comunicación efectiva requiere empatía y escucha atenta. Cualquier vínculo inevitablemente implicará malentendidos y discusiones, y la forma en que una pareja maneje estas dificultades con frecuencia decidirá qué tan fuerte y duradero es su vínculo. La cercanía emocional y el entendimiento mutuo se basan en una comunicación abierta, veraz y cortés.

La dinámica del amor cambia a medida que se desarrollan las relaciones, pasando del enamoramiento intensamente apasionado a un tipo de amor más profundo y maduro. La intimidad, la pasión y el compromiso son los tres elementos del amor identificados por la Teoría Triangular del Amor del psicólogo Robert Sternberg. El mantenimiento de una relación a largo plazo se llama compromiso, la pasión incluye el deseo físico y emocional, y la intimidad es el grado de cercanía emocional y conexión entre los miembros de la pareja. Diferentes arreglos de estos elementos producen varios tipos de amor: amor de compañerismo (compromiso e intimidad), amor consumado (un equilibrio de los tres) y amor apasionado (pasión e intimidad).

El viaje del amor no está exento de desafíos, y las relaciones a menudo enfrentan períodos de estrés, conflictos y presiones externas. La resolución efectiva de conflictos, el compromiso y la resiliencia son habilidades vitales que contribuyen a la durabilidad de una relación. Construir una base sólida de confianza es igualmente crucial, ya que la confianza constituye la base de la seguridad emocional. La confianza se gana a través de la honestidad constante, la confiabilidad y la demostración de respeto mutuo.

El amor también se entrelaza con el crecimiento individual y el autodescubrimiento. Las relaciones saludables fomentan el desarrollo personal, fomentando un entorno en el que las parejas pueden perseguir sus metas, aspiraciones y pasiones. En una relación, el autodescubrimiento es ser consciente de las necesidades propias y de las de la pareja, al mismo tiempo que se aceptan las propias necesidades y límites. Un equilibrio armonioso entre la autonomía individual y los objetivos compartidos crea una relación dinámica y satisfactoria.

El papel del amor en las relaciones a largo plazo se extiende más allá de los aspectos románticos y pasionales. El compañerismo, los valores compartidos y el sentido de asociación contribuyen a la naturaleza duradera de las relaciones comprometidas. Construir una vida juntos implica navegar por varios hitos, como el matrimonio, la paternidad y los cambios de carrera. Estas transiciones requieren adaptabilidad, apoyo mutuo y una visión compartida para el futuro. Las parejas que pueden navegar estas etapas de la vida con resiliencia y unidad a menudo encuentran que su amor se profundiza y madura con el tiempo.

Si bien el viaje del amor es profundamente gratificante, no es inmune a los factores externos que pueden plantear desafíos. Las presiones económicas, las expectativas sociales y las influencias culturales pueden afectar las relaciones. Por ejemplo, las normas sociales con respecto a los roles de género, el matrimonio y las estructuras familiares pueden dar forma a las expectativas y dinámicas dentro de una relación. Las parejas también pueden enfrentarse a factores estresantes externos, como las exigencias relacionadas con el trabajo, la tensión financiera o los problemas de salud, que pueden presionar la relación.

Las variaciones culturales contribuyen a la diversidad de la dinámica del amor y las relaciones en todo el mundo. Las culturas pueden tener normas, rituales y expectativas únicas con respecto al cortejo, el matrimonio y las responsabilidades familiares. Comprender y respetar estos matices culturales es crucial para fomentar las relaciones interculturales y promover la inclusión. La diversidad de historias de amor entre culturas añade riqueza a la experiencia humana colectiva, destacando la universalidad de las emociones al tiempo que celebra las expresiones únicas de amor dentro de diferentes contextos culturales.

El concepto de amor se extiende más allá de las parejas románticas para abarcar varias formas de amor, incluido el amor familiar, espiritual y propio. El amor familiar, arraigado en los lazos de parentesco, desempeña un papel fundamental en la formación del sentido de identidad, pertenencia y apoyo. Las relaciones entre hermanos, la dinámica entre padres e hijos y las conexiones familiares extendidas contribuyen al mosaico del amor familiar, ofreciendo una base de seguridad emocional e interconexión.

El amor platónico, a menudo celebrado en las amistades, refleja los profundos lazos emocionales que se forman fuera del romance. El respeto mutuo, los intereses compartidos y el apoyo emocional caracterizan las amistades. Estas relaciones contribuyen al bienestar emocional, proporcionando compañía, risas y un sentido de pertenencia. El amor platónico trasciende las expectativas sociales y, a menudo, soporta las pruebas del tiempo, ofreciendo una profunda conexión entre los individuos.

Uno de los aspectos más importantes del bienestar total es el amor propio, que consiste en desarrollar una conexión amorosa y solidaria con uno mismo. Abarca la autoaceptación, la autocompasión y la práctica de priorizar la salud física, emocional y mental. El amor propio saludable forma la base para relaciones satisfactorias con los demás, ya que las personas que se sienten cómodas consigo mismas están mejor equipadas para crear y mantener conexiones significativas.

La intersección del amor y la psicología profundiza en las profundidades del comportamiento, la cognición y las emociones humanas, ofreciendo información sobre los mecanismos que gobiernan las relaciones románticas. La teoría del apego, iniciada por los psicólogos John Bowlby y Mary Ainsworth, explora los patrones de apego que los individuos desarrollan en la primera infancia y cómo estos patrones influyen en las relaciones adultas. El apego seguro se asocia con una dinámica de relación saludable, mientras que el apego inseguro puede manifestarse como comportamientos ansiosos o evitativos en la edad adulta.

Otra perspectiva psicológica sobre el amor es la Teoría Triangular de Sternberg, que postula que el amor combina intimidad, pasión y compromiso. Este marco ofrece una comprensión matizada de la naturaleza multifacética del amor, reconociendo que las relaciones pueden cambiar en su énfasis en estos componentes con el tiempo. Además, las teorías cognitivas sociales examinan el papel del aprendizaje observacional, la socialización y las influencias culturales en la configuración de las actitudes y comportamientos relacionales de los individuos.

La interacción del amor y las hormonas agrega una dimensión biológica a la comprensión de la atracción romántica y los vínculos. La liberación de sustancias químicas como la oxitocina, la serotonina y la dopamina contribuye a los sentimientos de placer, felicidad y apego asociados con el amor. Estos procesos neuroquímicos subrayan el profundo impacto del amor en el cerebro, influyendo en el estado de ánimo, la motivación y el bienestar general.

El estudio del amor también se cruza con la sociología, explorando cómo las estructuras, normas y expectativas sociales dan forma a la dinámica de las relaciones. Las influencias sociales pueden manifestarse de varias maneras, incluidas las expectativas culturales con respecto a los roles de género, las actitudes sociales hacia el matrimonio y el impacto de los factores socioeconómicos en la estabilidad de la relación. El examen del contexto social proporciona una visión holística de los factores que contribuyen a las diversas expresiones de amor dentro de las diferentes comunidades y culturas.

El amor en la literatura y las artes es una musa atemporal, que inspira innumerables poemas, novelas, pinturas y composiciones musicales. Desde los sonetos de Shakespeare hasta las clásicas historias de amor, las expresiones artísticas capturan las innumerables facetas del amor: sus alegrías, tristezas, complejidades y cualidades trascendentes. Las artes reflejan la experiencia humana, reflejando la profundidad y amplitud de las emociones que acompañan el viaje amoroso.

En conclusión, el amor y las relaciones constituyen un aspecto multifacético y transformador de la experiencia humana. Desde las chispas iniciales de atracción hasta los lazos duraderos forjados a través del compromiso, el viaje del amor abarca un rico tapiz de emociones, desafíos y crecimiento personal. Comprender las dinámicas psicológicas, emocionales y socioculturales del amor proporciona observaciones perspicaces sobre los matices de la conexión humana. Ya sea explorando las complejidades de las relaciones románticas, los lazos duraderos de la familia, las alegrías de la amistad o la importancia del amor propio, explorar el amor revela su profundo impacto en los individuos y el tejido colectivo de la sociedad humana. A través de los lentes de la psicología, la biología, la sociología y las artes, el estudio del amor nos invita a desentrañar los misterios del corazón, celebrando las diversas expresiones de esta experiencia humana universal y duradera.

Prosperidad y abundancia

La prosperidad y la abundancia, aunque a menudo se asocian con la riqueza material, se extienden mucho más allá del ámbito de las finanzas, abarcando un enfoque holístico y multifacético de la vida. La búsqueda de la prosperidad implica el cultivo de una mentalidad, la alineación de las energías y el reconocimiento de la abundancia en varios aspectos de la existencia. Es una filosofía que trasciende la mera ganancia financiera, enfatizando el enriquecimiento del bienestar general, las relaciones y la realización espiritual.

En esencia, la conciencia de prosperidad se basa en la creencia de que la abundancia no es un recurso finito, sino un estado de ser infinito y accesible. Esta mentalidad afirma que hay más que suficiente para todos, alentando a las personas a cambiar su perspectiva de la carencia a la abundancia. Adoptar esta perspectiva implica reconocer la interconexión de todos los aspectos de la vida y reconocer el potencial de crecimiento, éxito y realización en varios dominios.

El viaje hacia la prosperidad a menudo comienza con la autoconciencia y un examen consciente de las propias creencias y patrones de pensamiento. Las creencias negativas y limitantes, a menudo arraigadas en el condicionamiento social o en experiencias pasadas, pueden crear barreras para la prosperidad. Estas creencias pueden manifestarse como dudas sobre la propia valía, temores a la escasez o limitaciones autoimpuestas al éxito. Identificar y desafiar estas creencias limitantes es crucial para fomentar una mentalidad que dé la bienvenida a la prosperidad.

Las afirmaciones positivas, la visualización y las prácticas de atención plena son herramientas potentes para cultivar una mentalidad próspera. Las afirmaciones, afirmaciones repetidas que refuerzan las creencias positivas, sirven para reprogramar la mente subconsciente, reemplazando los pensamientos limitantes por otros empoderadores. La visualización implica la creación de imágenes mentales vívidas de los resultados deseados, lo que permite que la mente se alinee con la energía de la abundancia. Las prácticas de atención plena, como la meditación, promueven la conciencia del momento presente, reduciendo el estrés y abriendo la mente a las posibilidades en el aquí y ahora.

En el ámbito de la prosperidad y la abundancia, la ley de la atracción juega un papel fundamental. Este principio universal postula que lo similar atrae a lo similar, lo que sugiere que la energía que uno pone en el mundo influye en las experiencias y oportunidades que regresan. Al mantener una mentalidad positiva y abundante, los individuos pueden atraer circunstancias, personas y recursos que se alinean con su frecuencia vibratoria. La ley de la atracción subraya la importancia de establecer la intención consciente y reconocer el poder de los pensamientos y las emociones en la configuración de la propia realidad.

La riqueza material es, sin duda, un componente de la prosperidad, y la abundancia financiera es a menudo una expresión tangible de éxito y bienestar. Sin embargo, la búsqueda de la prosperidad se extiende más allá de las ganancias monetarias para abarcar un espectro de abundancia más amplio. La salud y el bienestar, las relaciones significativas, el crecimiento personal y el sentido de propósito son parte integral de una vida próspera. Reconocer y apreciar estas diversas formas de abundancia contribuye a una experiencia más holística y satisfactoria.

El concepto de prosperidad está profundamente entrelazado con la abundancia en las relaciones. Las conexiones sanas y armoniosas con los demás contribuyen significativamente a una vida enriquecida. Las relaciones significativas brindan apoyo emocional, compañía y un sentido de pertenencia. Cultivar fuertes lazos sociales implica cualidades como la empatía, la comunicación efectiva y la voluntad de contribuir positivamente al bienestar de los demás. La abundancia de amor, bondad y experiencias compartidas en las relaciones amplifica la sensación general de prosperidad.

Además, el crecimiento personal y el aprendizaje continuo son elementos esenciales para una vida próspera. La búsqueda del conocimiento, las habilidades y la superación personal contribuye a una sensación de realización y logro. Aceptar los desafíos, aprender de las experiencias y ampliar los horizontes fomenta una mentalidad de crecimiento y resiliencia. La abundancia de oportunidades de aprendizaje y desarrollo personal agrega profundidad y riqueza al viaje hacia la prosperidad.

La realización espiritual es otra dimensión de la prosperidad que va más allá del ámbito material. Este componente es sentir un sentido de pertenencia a algo más grande que uno mismo, como el universo, un poder superior o una comprensión más precisa del propósito de uno. Los ejercicios espirituales como el pensamiento, la oración y la meditación ofrecen formas de profundizar en este aspecto de la abundancia. La riqueza de la calma interior, el agradecimiento y la conexión espiritual influyen en la prosperidad general.

En la búsqueda de la prosperidad, no se puede exagerar la importancia de la gratitud. La gratitud es una fuerza transformadora que cambia el enfoque de lo que falta a lo que está presente. Cultivar el hábito de expresar gratitud por la abundancia ya presente en la vida de uno aumenta la conciencia de los aspectos positivos de la existencia. La gratitud actúa como un imán, atrayendo más de lo que se aprecia a la experiencia de uno. Esta práctica simple pero profunda fomenta una mentalidad de abundancia, atrayendo bendiciones y oportunidades adicionales.

En el trabajo y la carrera, la conciencia de prosperidad influye en el éxito y la realización profesional. Pensar en los problemas como oportunidades en lugar de barreras fomenta la creatividad, la adaptabilidad y la toma de la iniciativa para superarlos. Las personas con una mentalidad próspera ven sus trabajos como oportunidades de desarrollo profesional y personal en lugar de solo una forma de obtener dinero. Esta estrategia, que enfatiza el propósito y la contribución, con frecuencia resulta en un trabajo más satisfactorio y gratificante.

El espíritu empresarial, que hace hincapié en la innovación y la creación de valor, se alinea estrechamente con los principios de prosperidad. Los emprendedores que abordan sus empresas con una mentalidad de abundancia tienen más probabilidades de sortear los desafíos de manera creativa y atraer oportunidades de crecimiento. La capacidad de ver más allá de los contratiempos inmediatos, adaptarse a las circunstancias cambiantes y mantener una visión positiva para el futuro contribuye al éxito sostenido de los esfuerzos empresariales.

En el ámbito de la prosperidad, la filantropía y la retribución desempeñan un papel importante. Ser consciente de que la riqueza está destinada a ser compartida fomenta el compromiso cívico y el sentido de responsabilidad social. Los actos de generosidad, ya sea a través de contribuciones caritativas, voluntariado o tutoría, crean un efecto dominó positivo. La abundancia de recursos, habilidades y conocimientos compartidos con otros contribuye al bienestar colectivo de las comunidades y la sociedad.

Los principios de prosperidad se extienden más allá de las actividades individuales para impactar en las estructuras sociales y los sistemas económicos. Un cambio de paradigma de un modelo económico basado en la escasez a uno que adopte la sostenibilidad, la inclusión y la distribución equitativa de los recursos se alinea con la filosofía de prosperidad para todos. Este cambio implica reevaluar los valores de la sociedad, priorizar la administración ambiental y crear sistemas económicos que prioricen el bienestar de las personas y el planeta.

En conclusión, la prosperidad y la abundancia abarcan un enfoque multifacético y transformador de la vida más allá de la acumulación de riqueza material. Una mentalidad de prosperidad implica cultivar creencias positivas, abrazar la ley de la atracción y reconocer la abundancia en varios aspectos de la existencia. Más allá de las ganancias financieras, la prosperidad se extiende al bienestar holístico, las relaciones significativas, el crecimiento personal y la realización espiritual. Los principios de prosperidad influyen en el éxito profesional, los esfuerzos empresariales y las estructuras sociales, haciendo hincapié en la interconexión del bienestar individual y colectivo. A través de la gratitud, la filantropía y el compromiso con la prosperidad compartida, las personas contribuyen a una experiencia más enriquecedora y satisfactoria para sí mismas y para el mundo que las rodea. Cuando se aborda con atención plena e intención, la prosperidad se convierte en una filosofía rectora que empodera a las personas para llevar una vida abundante y con propósito.

Protección y limpieza

Los rituales de protección y limpieza han sido componentes integrales de diversas tradiciones culturales y espirituales a lo largo de la historia, sirviendo como prácticas destinadas a salvaguardar a las personas, los espacios y las energías de las influencias negativas. Arraigados en la creencia de que el bienestar espiritual y energético está entrelazado con la salud y la prosperidad en general, estos rituales a menudo involucran acciones simbólicas, herramientas sagradas y la invocación de poderes superiores. Ya sea para defenderse de las fuerzas del mal, disipar las energías negativas o crear espacios sagrados, los rituales de protección y limpieza ofrecen diversas prácticas que abordan las dimensiones espirituales, psicológicas y emocionales del bienestar.

Un denominador común entre las diferentes culturas es el reconocimiento de la existencia de energías o entidades negativas que pueden afectar a las personas y sus entornos. En muchos sistemas de creencias, se cree que estas energías pueden manifestarse como perturbaciones espirituales, ataques psíquicos o incluso entidades malignas. Los rituales de protección, por lo tanto, están diseñados para crear un escudo de defensa espiritual, ofreciendo una capa de protección contra fuentes externas o internas de negatividad.

El uso de herramientas sagradas es una característica frecuente en los rituales de protección. Estas herramientas varían según las tradiciones, incluidos cristales, hierbas, amuletos, talismanes u objetos ceremoniales cargados de energías específicas. Por ejemplo, se cree que ciertos cristales poseen propiedades protectoras en la curación de cristales. La turmalina negra se utiliza a menudo por su capacidad para absorber y transmutar energías negativas, mientras que el cuarzo transparente se valora por sus propiedades amplificadoras que mejoran las intenciones protectoras. Del mismo modo, hierbas como la salvia, el cedro o el incienso se queman como agentes limpiadores en diversas prácticas culturales para purificar espacios y disipar energías negativas.

La limpieza está profundamente arraigada en muchas tradiciones espirituales a través de rituales, ceremonias o prácticas específicas. Los rituales de limpieza eliminan las energías estancadas o dañinas, purifican los espacios y restauran el equilibrio y la armonía. Estos rituales a menudo involucran elementos como el agua, el fuego, la tierra y el aire, cada uno de los cuales representa diferentes aspectos de la purificación.

En muchas culturas indígenas, las ceremonias de sahumerio son prácticas estándar de purificación. Se dice que quemar manojos de hierbas secas, como hierba dulce o salvia, y esparcir el humo sobre una habitación purgará la energía negativa y producirá una atmósfera espiritualmente pura. Esta costumbre se deriva de la idea de que el humo transmite mensajes a lo divino y ayuda a abrir puertas entre el mundo espiritual y el material. Venerada por sus propiedades purificadoras, el agua se incorpora con frecuencia a los rituales de limpieza. Los baños rituales, las bendiciones de agua o incluso lavarse las manos pueden simbolizar la limpieza. El concepto de agua bendita en varias tradiciones religiosas, utilizado para bendiciones y purificaciones, es un ejemplo de la importancia del agua en las prácticas de limpieza espiritual.

Con sus cualidades transformadoras y purificadoras, el fuego es otra fuerza elemental comúnmente utilizada en los rituales de limpieza. La magia con velas, por ejemplo, consiste en usar velas para enfocar las intenciones y disipar las energías negativas. La llama es vista como un símbolo de transformación, que consume negatividad e ilumina el camino hacia la positividad y la claridad.

La tierra, que simboliza la estabilidad y la conexión a tierra, a menudo se integra en las prácticas de limpieza. La sal, considerada un agente purificador, se rocía en espacios o se usa en círculos protectores para crear una barrera contra influencias dañinas. Los rituales de entierro o enraizamiento que implican enterrar elementos específicos también se emplean para neutralizar las energías no deseadas y restaurar el equilibrio.

El aire, asociado con la respiración y la fuerza vital, se aprovecha en los rituales de limpieza a través de prácticas como el sahumerio, donde se considera que el humo se lleva las energías negativas. El poder de la respiración se aprovecha en las prácticas de atención plena y meditación, donde la respiración consciente se utiliza para liberar el estrés y purificar la mente.

Además de los rituales elementales, muchas prácticas de protección y limpieza implican la invocación de entidades espirituales o deidades. Las oraciones, invocaciones o mantras se recitan en varias tradiciones religiosas para buscar la protección y la guía divinas. Por ejemplo, lanzar un círculo protector e invocar deidades o fuerzas elementales en los rituales wiccanos son prácticas estándar para crear un espacio sagrado y protegido.

Los amuletos y talismanes, que se cree que transportan energías protectoras, a menudo se emplean como artículos que se pueden llevar o llevar. Estos pueden incluir símbolos, amuletos u objetos elaborados cargados con menciones específicas para su protección. El uso de un colgante religioso, un símbolo sagrado o una piedra preciosa que se cree que posee propiedades protectoras se practica en diversas culturas de todo el mundo.

La creencia en los efectos nocivos de las miradas envidiosas o malévolas se refleja en la idea del mal de ojo, que es común en muchas culturas. El Nazar en la cultura turca y la mano Hamsa en las tradiciones de Oriente Medio son ejemplos de talismanes destinados a alejar el mal de ojo. Estos son símbolos protectores que se utilizan para desviar las energías dañinas y mantener a las personas a salvo.

Si bien los rituales de protección y limpieza están profundamente arraigados en las prácticas espirituales y religiosas, su relevancia se extiende más allá de estos contextos. En los tiempos modernos, las personas de diversos orígenes espirituales y aquellos que pueden no identificarse con una fe en particular incorporan estos rituales en sus vidas como herramientas para el autocuidado y el bienestar mental. El énfasis en la atención plena, el establecimiento de intenciones y la creación de entornos positivos se alinea con los enfoques contemporáneos de la salud holística.

Las técnicas de sanación energética como el Reiki y la sanación con cristales incorporan técnicas de limpieza y protección como elementos centrales de sus enfoques. Antes de una sesión, los practicantes de Reiki suelen limpiar sus espacios de trabajo y campos de energía. Los cristales utilizados en la terapia energética a menudo se limpian y cargan para preservar su pureza y potencia energética.

Las perspectivas psicológicas sobre la protección y los rituales de limpieza enfatizan el impacto de la intención y el simbolismo en la psique humana. El efecto placebo, en el que los individuos experimentan resultados positivos debido a sus creencias y expectativas, es relevante en el contexto de estos rituales. Los beneficios psicológicos de sentirse protegido, arraigado y espiritualmente limpio contribuyen al bienestar y la resiliencia de un individuo.

También se reconoce que los ejercicios de atención plena, como la visualización y la meditación, tienen efectos purificadores y protectores. Estas técnicas ayudan a las personas a desarrollar el alivio del estrés, la claridad mental y la conciencia del momento presente. Las personas pueden fortalecer su salud mental y emocional imaginando un escudo de protección y concentrándose en las buenas intenciones.

En conclusión, los rituales de protección y limpieza representan un rico tapiz de prácticas profundamente arraigadas en diversas tradiciones culturales, espirituales y holísticas. Ya sea a través de la invocación de poderes superiores, herramientas sagradas, rituales elementales o enfoques psicológicos, estas prácticas protegen a las personas y los espacios de las influencias negativas. Más allá de sus contextos espirituales o religiosos, estos rituales resuenan con las prácticas modernas de bienestar, las modalidades de sanación energética y los enfoques de bienestar psicológico. La universalidad de la experiencia humana se refleja en la comprensión compartida de que mantener la higiene espiritual y energética es parte integral de una vida equilibrada y armoniosa. A medida que las personas navegan por las complejidades del mundo moderno, el atractivo duradero de los rituales de protección y limpieza atestigua su importancia atemporal para fomentar el bienestar holístico.

CAPÍTULO VI

Rituales para cada fase lunar

Ritual de Luna Nueva para establecer intenciones

La Luna Nueva, un fenómeno celestial cuando la luna no es visible desde la Tierra, simboliza un momento potente para nuevos comienzos y la siembra de intenciones. En muchas tradiciones espirituales y culturales, la Luna Nueva es un momento decisivo para desear, establecer metas y comenzar nuevos ciclos. Un ciclo lunar comienza durante esta fase lunar, proporcionando una pizarra en blanco con energía favorable para sembrar las semillas de aspiraciones, objetivos y manifestaciones. Establecer intenciones durante un ritual de luna nueva es una técnica que se alinea con el ciclo cíclico de la luna y el flujo y reflujo de las energías cósmicas.

En el corazón del ritual de la Luna Nueva está el establecimiento de la intención, un acto consciente y deliberado de aclarar lo que uno desea manifestar o cultivar en su vida. El establecimiento de intenciones implica identificar metas, aspiraciones o cualidades específicas que se alinean con los valores y el camino deseado. Durante la Luna Nueva, la energía apoya particularmente este proceso, ofreciendo una oportunidad única para aprovechar el potencial del Fert Le para nuevos comienzos.

El ritual a menudo comienza con la creación de un espacio sagrado. Puede ser un rincón tranquilo de una habitación, un entorno al aire libre o cualquier lugar donde se sienta una sensación de tranquilidad y conexión. La limpieza es simbólica, representa la limpieza de lo viejo para hacer espacio para lo nuevo.

A medida que se establece el espacio sagrado, las personas pueden participar en prácticas centradas como la meditación o la respiración profunda. Estas prácticas ayudan a calmar la mente, mejorar la concentración y crear un estado receptivo para el proceso de establecimiento de la intención. La Luna Nueva, a menudo asociada con una sensación de introspección y calma, proporciona un telón de fondo ideal para volverse hacia adentro y alinearse con la sabiduría interior de uno.

El uso de herramientas y elementos simbólicos es un aspecto frecuente de los rituales de Luna Nueva. Los cristales, con sus propiedades energéticas, se emplean a menudo para amplificar las intenciones. Por ejemplo, el cuarzo transparente puede mejorar la claridad y el enfoque, mientras que el cuarzo rosa podría elegirse para intenciones relacionadas con el amor y las relaciones. Colocar estos cristales en el espacio ritual o sostenerlos durante el proceso de establecimiento de intenciones sirve para imbuir la energía de las piedras en las intenciones.

Las velas son otra herramienta estándar en los rituales de luna nueva. La llama parpadeante simboliza la transformación y la iluminación del propio camino. Encender una vela durante el ritual mejora el ambiente y representa encender las intenciones. El acto de magia con velas, donde colores específicos corresponden a diferentes intenciones, agrega una capa de simbolismo y enfoque al ritual.

La incorporación de elementos de la naturaleza es un aspecto significativo de los rituales de Luna Nueva. Aunque no es visible, la luna es reconocida como una potente presencia celestial. Mirar la luna o pasar tiempo al aire libre bajo el cielo nocturno durante la Luna Nueva puede profundizar la conexión con las energías lunares. Algunas personas recogen agua, ya sea rocío o lluvia, durante la Luna Nueva, considerando que está cargada con la energía de la luna y es adecuada para la limpieza o la bendición.

Escribir un diario es un componente crítico de muchos rituales de Luna Nueva. Escribir intenciones, sueños y aspiraciones es una forma poderosa de exteriorizar los deseos internos y anclarlos en el reino material. Poner la pluma sobre el papel involucra los aspectos analíticos y creativos de la mente, aclarando las intenciones y solidificando el compromiso de manifestarlas. Algunas personas también crean un tablero de visión de Luna Nueva, haciendo un collage de imágenes y palabras que representan sus intenciones.

La práctica de las afirmaciones a menudo se integra en los rituales de Luna Nueva. Las afirmaciones son afirmaciones positivas enmarcadas en tiempo presente que se alinean con las intenciones de uno. Al repetir estas afirmaciones durante el ritual, los individuos refuerzan la frecuencia vibratoria de sus deseos, fomentando un mayor sentido de creencia y alineación con las manifestaciones previstas.

El momento de un ritual de Luna Nueva se considera significativo. Si bien la Luna Nueva es óptima para establecer la intención, la energía generalmente se siente más fuerte dentro de las primeras 48 horas después de la Luna Nueva. Este período a menudo se llama la fase de "creciente creciente", donde la luna comienza a revelar una pequeña astilla de su lado iluminado. La media luna creciente significa el crecimiento inicial y la construcción de intenciones, por lo que es un momento adecuado para la acción y el impulso hacia adelante.

Por ejemplo, una Luna Nueva en Aries puede estar asociada con el coraje, la iniciativa y los nuevos comienzos, mientras que una Luna Nueva en Piscis puede enfatizar la intuición, la creatividad y las búsquedas espirituales. Los entusiastas de la astrología pueden alinear sus intenciones con las cualidades asociadas con el signo zodiacal específico de la Luna Nueva.

El proceso real de establecer intenciones durante un ritual de Luna Nueva implica un enfoque reflexivo e intencional. Las personas pueden reflexionar sobre diferentes áreas de sus vidas, como las relaciones, las carreras, la salud o el crecimiento personal, y elaborar intenciones que resuenen con sus aspiraciones en cada área. Es esencial expresar las intenciones de manera positiva, afirmando lo que se desea en lugar de faltar o evitar.

Durante el ritual, a medida que se articulan las intenciones, los individuos les infunden emoción y un genuino sentido de creencia. La carga emocional añade una energía dinámica a las intenciones, alineándolas con los deseos del corazón. La visualización, una herramienta poderosa en las prácticas de manifestación, implica imaginar mentalmente los resultados deseados como si ya estuvieran ocurriendo y comprometer los sentidos y las emociones. Al mismo tiempo, la visualización profundiza el impacto del proceso de establecimiento de intenciones.

En algunos rituales de Luna Nueva, las personas pueden realizar un acto ritualizado para simbolizar el anclaje de sus intenciones. Este acto podría ser encender una vela, enterrar objetos simbólicos o incluso crear un pequeño altar dedicado a las intenciones. El acto ritualizado representa físicamente el compromiso de manifestar las intenciones en la realidad.

La consistencia es un aspecto crucial para el establecimiento exitoso de intenciones durante los rituales de Luna Nueva. Si bien la Luna Nueva proporciona una potente ventana para la iniciación, el compromiso continuo con las intenciones a través de prácticas diarias, afirmaciones y acciones inspiradas mantiene el impulso. Revisar y reflexionar sobre las intenciones regularmente refuerza la conexión con los resultados deseados.

A medida que avanza el ciclo lunar, las fases posteriores ofrecen oportunidades de reflexión, ajuste y celebración. Después de la Luna Nueva, la fase creciente es un momento para tomar acciones inspiradas y nutrir el crecimiento de las intenciones. La luna en cuarto menguante invita a una reevaluación de las intenciones y a los ajustes necesarios, mientras que la luna llena marca la culminación y la fruición de las intenciones. Las fases menguantes proporcionan un período para la liberación, dejando ir lo que ya no sirve y preparándose para la próxima Luna Nueva.

En conclusión, el ritual de la Luna Nueva para establecer intenciones es una práctica profunda y atemporal que alinea a los individuos con las energías cíclicas de la luna y el potencial de nuevos comienzos. Arraigado en la atención plena, el simbolismo y la comprensión de las influencias cósmicas, este ritual proporciona un espacio sagrado para la creación consciente de la propia realidad. Ya sea mediante el uso de cristales, velas, diarios o afirmaciones, cada elemento contribuye al rico tapiz del ritual, infundiéndole un significado e intención personal. A medida que los individuos se involucran en esta práctica intencional, aprovechan la oportunidad de co-crear sus vidas con las fuerzas cósmicas que gobiernan el universo, aprovechando el potencial ilimitado que ofrece la Luna Nueva para la manifestación y el crecimiento.

Luna Llena Esbat Rritual para la Manifestación

En muchas tradiciones espirituales y místicas, la Luna Llena, un espectáculo celestial que ocurre cuando la luna está completamente iluminada en el cielo nocturno, tiene una importancia particular. Esta fase lunar, a menudo asociada con una mayor energía e iluminación, proporciona un poderoso telón de fondo para rituales y ceremonias. Entre estos rituales, el ritual de manifestación del Esbat de Luna Llena se destaca como una práctica que aprovecha las potentes energías de la luna para amplificar las intenciones y llevar a buen término los resultados deseados. Arraigado en la creencia de que la Luna Llena es un momento de culminación, abundancia y aumento de la energía espiritual, este ritual alinea a los practicantes con la naturaleza cíclica de la luna y el potencial expansivo de manifestación.

"Esbat" se deriva del francés antiguo y se refiere a una reunión o reunión. En las tradiciones paganas y wiccanas modernas, un Esbat es una reunión ritual, que a menudo se lleva a cabo durante la luna llena, dedicada a trabajos mágicos, celebraciones y comunión con lo divino. El ritual del Esbat de Luna Llena para la manifestación es una ceremonia enfocada e intencional dentro de esta tradición más amplia, enfatizando el poder de la Luna Llena para amplificar las intenciones y catalizar el proceso de manifestación.

La creación de un espacio sagrado es fundamental para el ritual del Esbat de Luna Llena. T implica elegir un lugar tranquilo y sin molestias, en el interior o en el exterior, donde los practicantes puedan conectarse con la energía de la Luna Fría. Es común limpiar el espacio con métodos como difuminar con salvia, palo santo u otras hierbas purificadoras. La limpieza simboliza la eliminación de las energías estancadas y la preparación de un entorno espiritualmente cambiado.

Al igual que muchos rituales, el Esbat de Luna Llena a menudo comienza con una práctica de conexión a tierra y centramiento. Esto puede implicar ejercicios de respiración profunda, meditación o visualización para llevar a los participantes a un estado de presencia y receptividad. La energía elevada de la Luna Llena crea una atmósfera propicia para una mayor conciencia y conexión con las fuerzas divinas.

Las herramientas y elementos simbólicos son parte integral del ritual del Esbat de Luna Llena. Los cristales, conocidos por sus propiedades energéticas, se incorporan con frecuencia para realzar las energías del ritual. Los practicantes pueden elegir cristales que se alineen con sus intenciones específicas de manifestación. Por ejemplo, la amatista se puede usar para el crecimiento espiritual, el citrino para la abundancia o el cuarzo rosa para asuntos del corazón. Colocar estos cristales en el espacio ritual o sostenerlos durante la ceremonia ayuda a infundir las energías de las piedras en el proceso de manifestación.

Las velas, asociadas con la iluminación y la transformación, son otra herramienta estándar en los rituales Full Moo. Encender velas simboliza traer luz a las intenciones de uno y al proceso de manifestación. Los colores de las velas pueden alinearse aún más con intenciones específicas; Por ejemplo, verde para la abundancia, rojo para la pasión o blanco para la claridad. La llama parpadeante se convierte en un punto focal, representando la ignición y amplificación de las intenciones.

Con su profunda influencia en las energías de la Tierra, la luna ocupa un lugar central en el ritual del Esbat de Luna Llena. Mirar la luna o pasar tiempo al aire libre bajo el luminoso cielo nocturno fomenta una conexión directa con las energías lunares. Algunos practicantes cargan objetos como cristales o agua colocándolos bajo el resplandor de la luna llena, creyendo que absorben las potentes energías lunares para su uso posterior en el ritual o para el trabajo energético personal.

El agua, a menudo asociada con la luna y sus ritmos cíclicos, es simbólica en los rituales de luna llena. Se cree que el agua lunar, creada al dejar agua en un recipiente bajo la luna llena, transporta la energía de la luna y se puede usar para limpiar y cargar herramientas rituales. Incluir un cuenco de agua lunar en el espacio ritual añade una capa de simbolismo lunar y resonancia energética.

El acto ritual de lanzar un círculo es una práctica común en los rituales de Esbat del hombre. El círculo representa un espacio sagrado y protegido, una barrera que separa lo mundano de lo mágico. La envoltura del círculo puede ir acompañada de invocaciones a las cuatro direcciones, elementos o deidades, dependiendo de la tradición espiritual del practicante. El límite circular sirve como contenedor para las energías rituales, creando un espacio enfocado y consagrado para la manifestación.

Un elemento vital del ritual del Esbat de Luna Llena es articular las intenciones. Los participantes se turnan para expresar sus deseos, metas y aspiraciones, diciéndoles en voz alta a la luna y a las fuerzas divinas presentes. La Luna Llena, asociada a la culminación de la energía y al pico de su influencia, amplifica estas intenciones. Hablar con atención agrega otra capa de energía de manifestación, ya que se dice que las palabras habladas tienen una frecuencia vibratoria específica que afecta el dominio energético.

Al igual que las que se ven en los rituales de Luna Nueva, las afirmaciones a menudo se integran en las ceremonias de Luna Llena de Esbat. Estas declaraciones positivas, enmarcadas en tiempo presente y alineadas con las intenciones de cada uno, contribuyen al proceso de manifestación. La repetición de afirmaciones durante el ritual refuerza los resultados deseados, fomentando un mayor sentido de creencia y alineación con las intenciones.

La visualización, una herramienta poderosa en las prácticas de manifestación, es particularmente potente durante la Luna Llena. Se anima a los participantes a imaginar mentalmente el cumplimiento de sus intenciones de la manera más vívida posible. Involucrar los sentidos y las emociones mientras se visualiza profundiza el impacto del proceso de manifestación, creando una conexión robusta y energética entre el practicante y los resultados deseados.

Los practicantes pueden realizar actos simbólicos en algunos rituales de Luna Llena Esbat para anclar sus intenciones. Esto podría implicar la presentación física del resultado deseado, como un tablero de visión o un objeto extendido cargado de intención. El acto ritualizado se convierte en una expresión tangible de compromiso y creencia en el proceso de manifestación.

Las consideraciones astrológicas pueden influir en el momento y los temas de los rituales de sbat de luna llena. El signo zodiacal en el que se produce la Luna Llena añade energía e influencia a las intenciones. Por ejemplo, una Luna Llena en Tauro puede enfatizar la conexión a tierra, la estabilidad y las manifestaciones materiales, mientras que una Luna Llena en Escorpio puede resaltar la transformación, la profundidad y la curación emocional. Los entusiastas de la astrología pueden alinear sus intenciones con las cualidades asociadas con el signo zodiacal científico de la Luna Llena.

Las actividades para aumentar la energía a menudo acompañan al ritual del Esbat de luna llena. El canto, el tambor o el baile pueden elevar las vibraciones energéticas en el espacio ritual, intensificando la conexión con las potentes energías de la Luna Llena. El movimiento rítmico e intencional alinea a los participantes con el flujo de energías cósmicas, mejorando el proceso de manifestación.

El momento de culminación del ritual del Esbat de Luna Llena a menudo implica una ceremonia de clausura. Esto puede incluir expresiones de gratitud a la luna, a las fuerzas divinas invocadas y a los participantes en el ritual. El cierre del círculo ritual es un acto deliberado, que significa el final del trabajo mágico enfocado y el regreso al mundo mundano. Por lo tanto, los practicantes liberan el exceso de energía levantada durante el ritual, conectándose a tierra cambiando la tierra o el suelo.

Se fomenta la reflexión constante sobre las intenciones y las acciones en los días y semanas posteriores al ritual del Esbat de Luna Llena. La energía de la Luna Llena se extiende más allá de la noche del ritual, ofreciendo una ventana de oportunidad para la manifestación en las fases lunares posteriores. A los profesionales les puede resultar beneficioso revisar sus intenciones con regularidad, evaluar el rendimiento y hacer los ajustes o refinamientos necesarios.

En conclusión, el ritual del Esbat de Luna Llena para la manifestación es una práctica dinámica e intencional que alinea a los participantes con las potentes energías de la Luna Llena. Arraigado en el simbolismo, las asociaciones lunares y la creencia en el poder amplificador de la Luna Llena, este ritual proporciona un espacio sagrado para la manifestación de Conscio. Ya sea mediante el uso de cristales, velas, afirmaciones o actos simbólicos, cada elemento contribuye al rico tapiz del ritual, infundiéndole un significado e intención personal. A medida que los participantes se involucran en esta práctica intencional, aprovechan las energías expansivas y abundantes de la Luna Llena, co-creando su realidad y llevando a buen término sus deseos más profundos.

Ritual de luna menguante para dejar ir

Cuando la iluminación de la luna disminuye de completa a nueva, la luna menguante marca un período asociado con la liberación, la reflexión y el dejar ir. En varias tradiciones espirituales y místicas, la luna menguante es un momento para deshacerse de lo que ya no sirve, limpiar las energías estancadas y hacer espacio para nuevos comienzos. El Ritual de la Luna Menguante para Dejar Ir es una práctica arraigada en la comprensión de que el ciclo lunar refleja la naturaleza cíclica de la vida, alentando a las personas a alinear su crecimiento y transformación personal con los ritmos de la luna.

La creación de un espacio sagrado es fundamental para el Ritual de la Luna Menguante para Dejar Ir. El espacio interior o exterior elegido sirve como contenedor para la liberación y purificación. Limpiar el espacio con métodos como difuminar o quemar hierbas purificadoras simboliza la eliminación de las energías persistentes y la preparación del entorno para el abandono intencional. La limpieza significa un nuevo comienzo y un compromiso para liberar lo que ya no se necesita.

Las prácticas de conexión a tierra y centrado a menudo se incorporan en el Ritual de la Luna Menguante para llevar a los participantes a un estado de presencia y receptividad. Estas prácticas pueden incluir ejercicios de respiración profunda, meditación o visualización para anclar a las personas en el momento presente. La energía de la luna menguante apoya la introspección, por lo que es un momento adecuado para reflexionar sobre aspectos de la vida que necesitan liberación o transformación.

Las herramientas y elementos simbólicos juegan un papel importante en el Ritual de la Luna Menguante. Los cristales, conocidos por sus propiedades energéticas, se utilizan a menudo para mejorar las energías del ritual. La obsidiana negra, por ejemplo, se considera una piedra poderosa para soltar y liberar la negatividad, mientras que la piedra lunar está relacionada con el equilibrio emocional y la intuición. Colocar estos cristales en el espacio ritual o sostenerlos durante la ceremonia ayuda a amplificar las energías del proceso de dejación.

Las velas, con sus cualidades transformadoras, se usan comúnmente en los rituales de luna menguante. Encender velas simboliza la iluminación de la oscuridad y el inicio del proceso de liberación. La llama representa la quema de viejos patrones o energías, haciendo espacio para la renovación. Algunos practicantes eligen velas de colores específicos que corresponden a sus intenciones, como el negro para desterrar la negatividad o el blanco para la purificación.

El lanzamiento ritual de un círculo es una práctica común en las ceremonias de la Luna Menguante. El círculo es un espacio sagrado y protegido, que crea un límite entre lo mundano y lo mágico. El lanzamiento del círculo suele ir acompañado de invocaciones a las cuatro direcciones, elementos o deidades, dependiendo de la tradición espiritual del practicante. El límite circular significa la contención para el trabajo de liberación y establece un espacio consagrado.

El agua, que simboliza la purificación y la liberación emocional, es importante en los rituales de la Luna Menguante. Los baños rituales o el uso de agua consagrada pueden mejorar el proceso de limpieza. Sumergirse en agua durante el ritual o incorporar agua en otras formas, como colocar un cuenco de agua consagrada en el espacio ritual, añade una dimensión acuosa y emocional al proceso de dejarlo.

Soltar y dejar ir es crucial para el Ritual de la Luna Menguante. Se aconseja a los participantes que consideren las áreas de sus vidas que les gustaría dejar ir, como los malos patrones de pensamiento, las relaciones poco saludables o las rutinas arraigadas. Articular estos aspectos en voz alta durante el ritual sirve como un reconocimiento y un compromiso con el proceso de liberación. La palabra hablada tiene una frecuencia vibratoria única que se alinea para dejarla ir.

Las afirmaciones diseñadas para dejar ir a menudo se integran en el Ritual de la Luna Menguante. Estas declaraciones positivas, enmarcadas en tiempo presente, apoyan el proceso de liberación afirmando el deseo de liberar y crear un espacio para un cambio positivo. La repetición de estas afirmaciones durante el ritual refuerza la intención y desplaza las vibraciones energéticas hacia el resultado deseado.

La visualización, una herramienta poderosa en las prácticas de manifestación y liberación, es particularmente potente durante la luna menguante. Se guía a los participantes para que visualicen el proceso de liberación como un acto simbólico o metafórico. Esto podría implicar visualizar viejos patrones que se disuelven, la negatividad arrastrada por un río que fluye o imaginar una vida de nubes oscuras que revela cielos despejados. Involucrar los sentidos y las emociones durante la visualización profundiza el impacto del proceso de liberación.

El acto ritualizado de soltar físicamente a menudo se incorpora a la ceremonia de la Luna Menguante. Los participantes pueden elegir objetos simbólicos para representar lo que quieren liberar, como notas escritas, imágenes u objetos cargados con energías específicas. Estos objetos pueden ser quemados, enterrados o liberados en el agua que fluye como una expresión tangible e intencional de dejar ir.

Las consideraciones astrológicas pueden influir en el momento y los temas de los rituales de la luna menguante. El signo zodiacal en el que la luna está menguando agrega una capa de energía e influencia a las intenciones de liberación. Por ejemplo, una luna menguante en Escorpio puede enfatizar el dejar ir el equipaje emocional y transformar patrones profundamente arraigados. Por el contrario, una luna menguante en Capricornio puede resaltar la liberación de viejas estructuras y limitaciones. Los entusiastas de la astrología pueden alinear sus verdaderas intenciones con las cualidades asociadas con el signo zodiacal específico de la luna menguante.

La culminación del Ritual de la Luna Menguante a menudo implica una ceremonia de clausura. Esto puede incluir gratitud por el proceso de liberación, reconocimiento del espacio ocupado durante el ritual y una sensación de cierre. El cierre del círculo ritual es un acto deliberado, que señala el final del trabajo mágico enfocado y el regreso al mundo mundano. Los participantes pueden optar por conectarse con la tierra o realizar un acto ritualizado para simbolizar la finalización del proceso de liberación.

Se anima a una reflexión constante sobre las intenciones de liberación y los cambios resultantes en los días y semanas posteriores a la Luna Menguante. La energía de la luna menguante se extiende más allá de la noche del ritual, proporcionando una oportunidad continua para la liberación y la transformación en las fases lunares posteriores. A los profesionales les puede resultar beneficioso revisar su liberación con regularidad, evaluar el progreso y hacer los ajustes o refinamientos necesarios.

En conclusión, el Ritual de la Luna Menguante para Dejar Ir es una práctica conmovedora e intencional que alinea a las personas con las energías cíclicas de la luna menguante. Arraigado en el simbolismo, las asociaciones lunares y la creencia en el poder transformador de la liberación, este ritual proporciona un espacio sagrado para dejar ir conscientemente. Ya sea mediante el uso de cristales, velas, afirmaciones o actos simbólicos, cada elemento contribuye al rico tapiz del ritual, infundiéndole un significado e intención personal. A medida que los participantes se involucran en esta práctica intencional, aprovechan las energías liberadoras y transformadoras de la luna menguante, lo que les permite deshacerse de lo que ya no sirve y hacer espacio para nuevos comienzos y crecimiento.

CAPÍTULO VII

Adivinación a la luz de la luna

Tarot lunar dreifista

Las tiradas del Tarot Lunar ofrecen un enfoque único y perspicaz de la adivinación, entrelazando la sabiduría del Tarot con las energías cíclicas de la Luna. Arraigadas en la creencia de que tanto el Tarot como las fases lunares proporcionan una valiosa guía y reflexión, estas tiradas ofrecen a los practicantes una forma matizada de explorar sus paisajes interiores, navegar por los ciclos de la vida y alinearse con las influencias místicas de la Luna. La combinación de estos dos sistemas robustos crea un rico tapiz de simbolismo y significado, invitando a las personas a conectarse con el flujo y reflujo de su viaje espiritual.

Una tirada esperada del Tarot Lunar es la Tirada de Luna Nueva, diseñada específicamente para aprovechar la energía de los nuevos comienzos e intenciones asociadas con la fase de Luna Nueva. Esta extensión suele consistir en posiciones que representan las energías de la Luna Nueva, la luna creciente y la luna en cuarto creciente. Las cartas extraídas en cada posición ofrecen información sobre el estado actual del individuo, los posibles obstáculos y las energías que respaldan el inicio de nuevos proyectos o esfuerzos. La Propagación de la Luna Nueva es una herramienta dinámica para establecer intenciones y ganar claridad durante las primeras fases de un ciclo lunar.

La Extensión de la Luna Llena, por otro lado, se adapta a las energías de culminación e iluminación de la Luna Llena. Esta tirada a menudo presenta posiciones que representan los aspectos pasados, presentes y futuros de la vida del consultante, ofreciendo una visión integral de su viaje. Las cartas extraídas en esta tirada pueden proporcionar información sobre lo que ha llegado a buen término, lo que está iluminado actualmente y lo que puede estar acercándose a la finalización o la transformación. La Extensión de la Luna Llena sirve como una herramienta reflexiva, lo que permite a las personas evaluar su progreso y obtener claridad sobre las energías que los rodean durante el pico del ciclo lunar.

Las extensiones de luna menguante están hechas para resonar con las energías de liberación, reflexión y dejar ir que están asociadas con las fases menguantes de la luna. Estas tiradas a menudo presentan posiciones que corresponden a los aspectos de la vida o los patrones que los individuos desean liberar, los desafíos que pueden enfrentar al dejar ir y las energías que respaldan su rendición. Las cartas extraídas en cada posición ofrecen orientación sobre el proceso de liberación y conocimientos sobre las energías transformadoras durante la Luna menguante. Waning Moon Spreads proporciona una herramienta valiosa para navegar por las transiciones, deshacerse de viejos patrones y hacer espacio para la renovación.

Las Extensiones de Luna Creciente, por el contrario, se centran en las energías de crecimiento, manifestación y expansión asociadas con las fases crecientes de la Luna. Estas tiradas pueden incluir posiciones que representan las áreas de la vida en las que se desea el crecimiento, los posibles obstáculos o desafíos en el camino y las energías de apoyo que impulsan al consultante hacia adelante. Las cartas dibujadas en cada posición guían cómo aprovechar las energías de la Luna creciente para el desarrollo personal y espiritual. Las Spreads de Luna Creciente son herramientas de empoderamiento para establecer metas, cultivar la abundancia y alinearse con las energías expansivas de las fases crecientes.

La Tirada del Eclipse Lunar es una tirada de Tarot especializada diseñada para alinearse con las poderosas energías de un eclipse lunar. Los eclipses lunares son momentos potentes de alineación cósmica, que simbolizan momentos de profundo cambio y transformación. Esta tirada puede presentar posiciones que representan las energías del eclipse, los aspectos de la vida afectados por el eclipse y los posibles resultados o revelaciones. Las cartas dibujadas en cada posición ofrecen información sobre las energías transformadoras y orientación para navegar por los cambios provocados por el eclipse lunar. La Propagación del Eclipse Lunar es una herramienta para aprovechar las energías profundas de estos eventos celestiales y comprender su impacto en el viaje de la vida.

La incorporación del Tarot en las prácticas lunares proporciona un enfoque de múltiples capas para la adivinación, lo que permite a las personas entrelazar los símbolos arquetípicos del Tarot con las energías cíclicas y místicas de la Luna. Estas tiradas del Tarot Lunar ofrecen a los practicantes un medio dinámico e intuitivo para explorar sus paisajes interiores, obtener información sobre las energías que los rodean y alinearse con los ritmos naturales de la vida.

A medida que las personas se involucran con las tiradas del Tarot Lunar, se les invita a abrazar la fluidez de los ciclos de la vida, reconociendo que cada fase ofrece oportunidades únicas para el crecimiento, la reflexión, la liberación y la manifestación. La Luna Nueva se extiende fomentando el establecimiento de intenciones y la iniciación de nuevos proyectos, alineándose con las energías de los comienzos y el potencial. La Luna llena proporciona un momento de iluminación y culminación, ofreciendo una vista panorámica del viaje y de los frutos de los esfuerzos. Las extensiones de Luna Menguante guían a las personas a través de la liberación, el dejar ir y la entrega a las energías transformadoras en juego. La Luna Creciente empodera a los practicantes para establecer metas, cultivar la abundancia y alinearse con las energías expansivas del crecimiento y la manifestación.

La Propagación del Eclipse Lunar, que se centra en las alineaciones celestes, es una potente herramienta para navegar por momentos de profundo cambio y transformación. Ya sea que se sientan atraídos por la energía de los nuevos comienzos, la iluminación de la plenitud, la entrega de la liberación, el crecimiento de la manifestación o el poder transformador de los eclipses, las personas pueden adaptar su práctica del Tarot para alinearse con las energías específicas de la Luna.

Las tiradas del Tarot Lunar proporcionan información práctica y orientación y fomentan una conexión más profunda con los ritmos naturales del cosmos. Los símbolos arquetípicos del Tarot, ricos en significados universales, se integran a la perfección con las energías cíclicas de la Luna, creando una práctica de adivinación sinérgica e intuitiva. A través de estas propagaciones, las personas se embarcan en el autodescubrimiento, la introspección y la alineación con las fuerzas místicas que dan forma a sus vidas. A medida que las cartas del Tarot se presentan en respuesta a las fases de la Luna, se desarrolla un diálogo entre el individuo y las energías cósmicas, revelando la danza siempre cambiante de los ciclos de la vida y la sabiduría inherente a cada fase lunar.

Adivinando a la luz de la luna

Adivinar a la luz de la luna, una práctica antigua y mística, consiste en contemplar las superficies reflectantes durante las fases luminosas de la Luna para obtener conocimientos, recibir visiones y conectarse con el reino espiritual. El término "adivinar" se deriva de la palabra inglesa antigua "descry", que significa distinguir vagamente o revelar. A lo largo de varias culturas y períodos históricos, la adivinación se ha empleado como un método de adivinación, lo que permite a las personas acceder a una guía intuitiva, recibir mensajes del más allá y acceder a la mente subconsciente. Cuando se combina con la energía serena y encantadora de la luz de la luna, la adivinación adquiere una dimensión elevada, creando una potente sinergia entre las propiedades reflectantes del medio elegido y la influencia mística de la luna.

La elección del medio de adivinación es diversa, desde herramientas tradicionales como bolas de cristal y espejos hasta elementos naturales como el agua e incluso las llamas. Con su brillo etéreo, Moonlight añade encanto a la experiencia de adivinación, mejorando la receptividad del practicante a las energías sutiles y a las percepciones intuitivas. La adivinación a la luz de la luna está profundamente entrelazada con las tradiciones esotéricas y espirituales que reconocen la influencia de la luna en las habilidades psíquicas, la intuición y los misterios del subconsciente.

Una de las herramientas de adivinación más icónicas es la bola de cristal, una esfera de cuarzo transparente u otras piedras translúcidas. La bola de cristal es un punto focal para el practicante de adivinación, que mira en sus profundidades para acceder a visiones e impresiones. Cuando se realiza bajo la luz de la luna, la bola de cristal refleja las energías lunares, infundiendo a la sesión de adivinación una mayor sensación de misterio e intuición. Se cree que los ciclos de la Luna, desde la luna creciente hasta la luna llena y las fases menguante, influyen en la potencia y la naturaleza de las visiones recibidas durante la adivinación.

Con sus superficies reflectantes, los espejos también se han utilizado para adivinar a lo largo de la historia. El suave resplandor de la Luna proporciona una iluminación sutil al espejo, creando un ambiente atmosférico y propicio para la observación. Los practicantes a menudo atenúan la luz circundante y colocan el espejo para capturar el resplandor de la Luna, permitiendo que su energía mejore la experiencia de adivinación. Como portal al subconsciente y a los reinos espirituales, el espejo se convierte en una herramienta dinámica para recibir ideas y mensajes adivinatorios bajo el cielo iluminado por la luna.

La adivinación del agua, conocida como hidromancia, consiste en mirar un cuenco de agua, un cuerpo de agua natural o un espejo de adivinación colocado sobre un cuenco de agua. El reflejo de la Luna en la superficie del agua agrega una cualidad encantadora a la práctica, como si el practicante estuviera mirando hacia el espacio liminal entre los reinos físico y espiritual. La luz de la luna baila sobre el agua, creando ondas de iluminación que mejoran la receptividad del practicante a las imágenes simbólicas y los mensajes intuitivos. Hydromancy by Moonlight aprovecha las antiguas asociaciones entre el agua, la Luna y la fluidez de los reinos psíquicos.

La adivinación de llamas, o piromancia, utiliza las llamas parpadeantes de las velas o el fuego como medio de adivinación. La danza de las llamas en la oscuridad iluminada por la luna crea un entorno dinámico e hipnótico para la adivinación. Los practicantes se enfocan en las formas cambiantes y las sombras dentro del fuego, lo que permite que sus mentes se abran a visiones y mensajes simbólicos. La Luna, como testigo silencioso de la danza sagrada del fuego, añade una cualidad de otro mundo a la experiencia de adivinación piromántica, profundizando la conexión entre el practicante y las energías espirituales invocadas.

Las fases de la luna influyen en gran medida en la adivinación de la luz de la luna, y se dice que cada fase mejora facetas particulares de la técnica. Durante las fases crecientes, desde la Luna nueva hasta la Luna llena, los practicantes a menudo encuentran que el aumento de la luminosidad de la Luna intensifica su receptividad intuitiva. Es un tiempo propicio para iniciar nuevas percepciones, establecer intenciones y recibir orientación en asuntos de crecimiento y manifestación. La Luna llena, en particular, se considera un momento cumbre para la adivinación, ya que su resplandor radiante simboliza la culminación de las energías y la revelación de verdades ocultas.

Por el contrario, las fases menguantes de la Luna, desde la Luna llena hasta la Luna nueva, están asociadas con las energías de liberación, reflexión y dejar ir. La adivinación durante este período puede estar enfocada en obtener información sobre lo que necesita ser liberado o entregado. La disminución de la luz de la luna durante las fases menguantes es una oportunidad para profundizar en el subconsciente, descubrir patrones ocultos y recibir orientación sobre el arte de la entrega y la transformación.

La práctica de adivinar a la luz de la luna está profundamente entrelazada con la creencia en la influencia de la luna en las habilidades psíquicas. Se cree que la Luna, asociada durante mucho tiempo con los aspectos femeninos e intuitivos de la existencia, amplifica los canales entre la mente consciente y subconsciente durante las sesiones de adivinación. A medida que la luz de la luna baña al médium de adivinación, se cree que activa los centros intuitivos dentro del practicante, lo que le permite acceder a capas más profundas de conocimiento y revelación.

La adivinación a la luz de la luna no se trata únicamente de predecir el futuro u obtener respuestas específicas; Es también un proceso de autodescubrimiento y comunión espiritual. La Luna, como símbolo de ciclos, reflexión e iluminación, refleja el viaje del alma. La adivinación a la luz de la luna se convierte en una danza sagrada entre el individuo y las energías cósmicas, una exploración de los reinos invisibles y una comunión con los misterios que habitan en las sombras y los reflejos.

Al prepararse para una sesión de adivinación a la luz de la luna, los practicantes a menudo participan en rituales para sintonizarse con las energías de la Luna. Esto puede implicar meditación, ejercicios de conexión a tierra o la recitación de invocaciones para invocar la guía de la Luna. El espacio de adivinación a menudo se establece con intención, con velas, cristales y otras herramientas rituales dispuestas para crear un entorno propicio para la práctica. El practicante entra entonces en una

receptividad enfocada, permitiendo que la Luz de la Luna
guíe su mirada hacia el medio de adivinación.

La interpretación de las visiones e impresiones recibidas
durante la observación a la luz de la luna requiere una
combinación de intuición, simbolismo y perspicacia
personal. Los practicantes pueden escribir sus
experiencias en un diario, anotando los símbolos, colores
o emociones que surgen durante la sesión. Con el tiempo,
pueden surgir patrones y temas, que ofrecen una visión
más profunda de la psique del practicante y de los
mensajes transmitidos por las sesiones de adivinación a
la luz de la luna.

En conclusión, la adivinación a la luz de la Luna es una
práctica mística y antigua que entrelaza las artes
esotéricas de la adivinación con las energías etéreas de la
Luna. Ya sea mirando una bola de cristal, un espejo, agua
o llamas, los practicantes se abren a la guía intuitiva y a
las visiones simbólicas que emergen en la oscuridad
iluminada por la luna. La Luna, como testigo silencioso de
la danza de las energías celestiales, realza la experiencia
de adivinación, infundiéndole un toque de encanto y
misterio. A través de esta práctica milenaria, las personas
viajan en un viaje de autodescubrimiento, conectando con
las energías cósmicas que regulan los ciclos de la vida y
accediendo a sus mentes subconscientes. La
contemplación de la luz de la luna se transforma en un
ritual sagrado e íntimo, una danza entre lo visible y lo
invisible, un viaje guiado por la brillante presencia de la
Luna.

Interpretación de los sueños y magia lunar

La interpretación de los sueños y la magia de la luna
forman una relación simbiótica, entrelazando la influencia
mística de la Luna con el enigmático reino de los sueños. A
lo largo de la historia, las culturas de todo el mundo han
reconocido el profundo impacto de la Luna en la psique
humana, y muchos creen que la Luna tiene la clave para
descubrir los secretos ocultos dentro de nuestros sueños.
Explorar esta intrincada conexión permite a las personas
profundizar en el rico tapiz de símbolos, energías y

arquetipos que se manifiestan en sus sueños, abriendo un camino hacia el autodescubrimiento, la intuición y el potente mundo de la magia lunar.

Los sueños han sido considerados durante mucho tiempo como portales a los reinos internos de la psique, donde la mente subconsciente se comunica en símbolos, metáforas e imágenes. Con su creciente luminosidad, la Luna creciente se asocia con el crecimiento, la manifestación y la iniciación de nuevas energías. Los sueños durante esta fase pueden tener temas de comienzos, creatividad y la revelación del potencial oculto. La media luna, que conduce a la Luna llena, es un momento en el que se cree que las energías del subconsciente se alinean con las fuerzas expansivas de la Luna, ofreciendo vislumbres de aspectos sin explotar del yo.

Los sueños pueden intensificarse a medida que la Luna alcanza su luminiscencia total y se vuelve más vívida. La Luna llena a menudo está vinculada a emociones elevadas, iluminación y revelación de verdades. Los sueños durante esta fase pueden generar percepciones, una mayor intuición o una profundización de las experiencias emocionales. Se cree que la energía de la Luna llena ilumina los recovecos ocultos del subconsciente, aportando claridad y revelación al soñador. Es un momento en el que se cree que el velo entre los reinos consciente e inconsciente se adelgaza, lo que permite una comunión más directa con los aspectos espirituales e intuitivos del yo.

Por el contrario, durante las fases menguantes de la Luna, los sueños pueden tomar temas de liberación, reflexión y rendición. La Luna menguante simboliza un período de dejar ir, deshacerse de viejos patrones y hacer espacio para la renovación. Los sueños en este momento pueden ofrecer orientación sobre lo que necesita ser liberado, trayendo símbolos y escenarios que reflejan el proceso de rendición. La media luna menguante, que conduce a la Luna nueva, se asocia principalmente con la introspección, la preparación para nuevos comienzos y la muerte y el renacimiento simbólicos inherentes al ciclo lunar.

En el ámbito de la magia lunar, los practicantes suelen prestar mucha atención a las fases lunares cuando interpretan sus sueños. El ciclo lunar se vuelve vital para comprender las corrientes energéticas que influyen en el paisaje onírico. Los diarios de sueños, en los que los individuos registran sus sueños junto con las fases lunares correspondientes, sirven como valiosos repositorios de información sobre la intrincada danza entre la Luna y el subconsciente del soñador.

La magia lunar también se basa en el simbolismo arquetípico asociado con la Luna en varias culturas. En la mitología, la Luna a menudo se vincula con las energías femeninas, la intuición y los misterios de la noche. La diosa de la luna, representada como Selene, Luna u otras variaciones culturales, simboliza el principio femenino, el inconsciente y los ciclos siempre cambiantes de la vida. En los sueños, la aparición de la Luna o los símbolos relacionados con la luna pueden tener un significado profundo, reflejando aspectos de la relación del soñador con lo femenino, la intuición o la naturaleza cíclica de su viaje.

Los cristales, a menudo parte integral de las prácticas mágicas de la luna, también pueden encontrar su camino en la interpretación de los sueños. Se cree que colocar cristales con asociaciones lunares, como piedra lunar o selenita, debajo de la almohada o cerca de la cama mejora el recuerdo de los sueños, amplifica las ideas intuitivas y facilita una conexión más profunda con las energías de la Luna. Los cristales actúan como conductos, canalizando las vibraciones lunares hacia el espacio onírico y mejorando la receptividad del soñador a los mensajes simbólicos.

Los rituales mágicos lunares, realizados con intención durante fases lunares específicas, pueden influir en el reino de los sueños. Por ejemplo, un ritual de Luna Nueva centrado en establecer intenciones y plantar semillas de manifestación puede llevar su energía al estado de sueño, dando lugar a sueños que se alinean con las intenciones iniciadas. Del mismo modo, un ritual de luna llena centrado en la iluminación y la liberación puede resonar en el paisaje onírico, ofreciendo ideas sobre lo que debe salir a la luz y liberarse para el crecimiento personal.

Los sueños lúcidos, una práctica en la que el soñador se da cuenta de su estado de sueño y puede ejercer cierto control sobre la narración del sueño, es otra faceta de la magia lunar y la exploración de los sueños. Algunos practicantes cultivan intencionadamente los sueños lúcidos durante fases lunares específicas, utilizando técnicas como la comprobación de la realidad, las afirmaciones o la meditación antes de dormir para mejorar su conciencia dentro del reino de los sueños.

La magia lunar y la interpretación de los sueños también comparten puntos en común al enfatizar la intuición y el simbolismo. Ambas prácticas invitan a los individuos a aprovechar su sabiduría interior, confiando en las intuiciones que surgen de las profundidades de la psique. Los símbolos en los sueños, ya sea influenciados por la Luna u otras energías arquetípicas, se consideran como un lenguaje del alma. La Luna, como un símbolo poderoso en sí mismo, agrega capas de profundidad y misterio a los mensajes simbólicos que se despliegan en el reino de los sueños. La interpretación de estos símbolos se convierte en un viaje para desentrañar la mitología personal tejida en el subconsciente del soñador.

Los rituales mágicos de la Luna, como atraer la Luna o invocar energías lunares, pueden incorporarse a las prácticas de incubación de sueños. Los soñadores pueden establecer la intención de recibir orientación, ideas o mensajes relacionados con su trabajo de magia lunar durante el estado de sueño. Al alinear la intención del sueño con las fases lunares e incorporar elementos rituales, los individuos crean un puente sagrado entre sus realidades de vigilia y sueño, permitiendo que la magia de la Luna impregne el paisaje onírico.

La práctica de la interpretación de los sueños en el contexto de la magia lunar es un viaje profundamente personal e intuitivo. Implica desarrollar una comprensión matizada del lenguaje de los sueños, reconocer los símbolos recurrentes y descifrar los tonos emocionales incrustados en las narraciones de los sueños. A medida que los soñadores se sintonizan con las fases de la Luna, pueden notar patrones, temas y cambios energéticos que brindan información valiosa sobre su bienestar emocional, crecimiento espiritual y la naturaleza cíclica de su viaje.

El simbolismo y la influencia mística de la Luna. A medida que la luna crece y mengua, deja su huella en el paisaje onírico, influyendo en los temas, energías y símbolos que se manifiestan durante el estado de sueño. La intrincada danza entre la Luna y los sueños se convierte en un camino hacia el autodescubrimiento, el crecimiento personal y una conexión más profunda con los misterios del subconsciente. Los soñadores, guiados por la luminosa presencia de la Luna, se embarcan en un viaje de exploración, desvelando los secretos ocultos en el enigmático reino de los sueños y abrazando la profunda magia que se despliega cuando la luz de la Luna se encuentra con los paisajes de la noche.

CAPÍTULO VIII

Elaboración de elixires y pociones lunares

Infundir agua con energía lunar

Imbuido de las sutiles energías de la Luna. Este proceso de infusión sagrada consiste en poner el agua en contacto directo con la luz de la Luna durante fases lunares específicas, creando un elixir cargado que se cree que transporta las energías del ciclo de la Luna. El agua resultante infundida por la luna se convierte en una herramienta versátil en diversas prácticas espirituales y mágicas, ofreciendo un medio para el establecimiento de intenciones, la purificación ritual y la alineación energética con las fuerzas celestiales.

El ciclo lunar, marcado por las fases de la Luna, sirve de guía para infundir agua con energías específicas. Se cree que cada fase lunar trae cualidades e influencias distintas, y los practicantes a menudo eligen la fase que se alinea con sus intenciones. Por ejemplo, durante la Luna creciente, cuando la Luna está en transición de nueva a completa, las energías se asocian con el crecimiento, la manifestación y la iniciación. Esta fase es ideal para infundir agua con intenciones relacionadas con nuevos comienzos, creatividad y la amplificación de energías positivas.

Por el contrario, la fase de luna menguante, desde la Luna llena hasta la Luna nueva, está relacionada con la liberación, la reflexión y la entrega. Esta fase se elige para infundir agua con energías conducentes a dejar ir la negatividad, deshacerse de viejos patrones y prepararse para la renovación. A medida que la Luna mengua, se cree que extrae las impurezas y las energías estancadas del agua, purificándola para su uso intencional.

La Luna Llena, considerada como un pico de energía lunar, es un momento potente para infundir agua con la culminación de la influencia de la Luna. La Luna Llena lleva energías de iluminación, claridad e intuición aumentada. Se cree que el agua infundida bajo la Luna Llena absorbe la máxima energía lunar, lo que la convierte en un potente elixir para las prácticas espirituales, la adivinación y la mejora de las habilidades intuitivas. El resplandor radiante de la Luna Llena imparte una sensación de plenitud y plenitud al agua infundida.

Para comenzar el proceso de infusión de agua con energía lunar, los practicantes suelen elegir un vaso transparente o un recipiente para contener el agua. Se pueden agregar cristales de cuarzo transparentes para amplificar las energías, ya que el cuarzo es conocido por su capacidad para mejorar y almacenar energía. Luego, el recipiente se coloca al aire libre para exponerlo directamente a la luz de la luna. El agua iluminada por la luna absorbe las vibraciones y energías sutiles asociadas con la fase lunar específica, creando un elixir cargado.

El establecimiento de intenciones es un aspecto crucial de la infusión de agua con energía lunar. Antes de colocar el agua bajo la luz de la luna, los practicantes pueden sostener el recipiente y concentrarse en sus intenciones, deseos u objetivos. Se cree que esta energía intencional se transfiere al agua, creando una alineación armoniosa entre las energías lunares y el propósito del practicante. Ya sea que la intención sea el crecimiento personal, la sanación emocional o la comprensión espiritual, el agua infundida representa las aspiraciones del practicante.

Infundir agua con energía lunar no solo se trata de los beneficios prácticos del agua cargada, sino también de crear un ritual sagrado y consciente. A medida que los practicantes se involucran en este acto, se les anima a estar presentes, conectándose con el mundo natural y las energías cósmicas. Los ciclos rítmicos de la Luna se convierten en un espejo de la naturaleza cíclica de la vida, ofreciendo una oportunidad para la reflexión, la renovación y la co-creación consciente de la propia realidad.

El agua de luna, como se suele llamar al elixir infundido, puede incorporarse a diversas prácticas espirituales y mágicas. En las tradiciones wiccanas, el agua de luna se considera una herramienta consagrada para rituales, hechizos y ofrendas en el altar. Se puede rociar o usar para ungir velas, cristales o herramientas rituales, infundiéndoles las energías lunares cargadas dentro del agua. El agua de la luna también se puede agregar a los rituales de baño, creando una experiencia purificadora y espiritualmente rejuvenecedora.

Se cree que beber agua de luna mejora la conciencia espiritual, la intuición y el bienestar general en las prácticas holísticas y metafísicas. A medida que los individuos consumen el agua cargada, absorben las sutiles energías lunares, creando una resonancia armoniosa entre su estado interno y las influencias celestiales externas.

Los entusiastas de la jardinería a menudo usan agua de luna para regar las plantas, creyendo que fomenta el crecimiento, la vitalidad y la resistencia. Se cree que el agua infundida, que transporta las energías de la Luna creciente, favorece la germinación y el florecimiento de las plantas. El agua de la Luna también puede incorporarse a rituales o ceremonias realizadas en entornos naturales, creando una conexión sagrada entre el practicante, la Luna y los elementos de la Tierra.

El uso del agua de luna se extiende más allá de las prácticas individuales a los rituales comunitarios y colectivos. Durante eventos lunares significativos, como eclipses o raras ocurrencias celestiales, los grupos pueden reunirse para cargar colectivamente el agua con las energías intensificadas del momento divino. Esta infusión comunitaria se convierte en una experiencia compartida, fomentando un sentido de unidad, intención y conexión con las fuerzas cósmicas más grandes.

Si bien la infusión de agua con energía lunar está profundamente arraigada en tradiciones espirituales y mágicas, también resuena con la conciencia más amplia de la interconexión entre los humanos y el mundo natural. Refleja un reconocimiento consciente de la influencia de la Luna en los ritmos de la Tierra, las mareas y la intrincada danza de la vida. Al infundir intencionalmente agua con energía lunar, las personas honran la sabiduría atemporal incrustada en los ciclos de la Luna y adoptan una relación armoniosa con las fuerzas celestiales que dan forma a su existencia.

En conclusión, infundir agua con energía lunar es una práctica sagrada y transformadora que une las influencias místicas de la Luna con rituales intencionales. El ciclo lunar se convierte en una guía, permitiendo a los practicantes alinear sus intenciones con las energías específicas de cada fase. Ya sea que se use en rituales personales, prácticas espirituales o ceremonias comunitarias, el agua de la luna sirve como un conducto tangible para las vibraciones sutiles de la luna. Los individuos se involucran en este acto intencional y se convierten en participantes activos en la danza cósmica, armonizando sus energías con los ritmos celestiales y desbloqueando el poder transformador en la alianza sagrada entre el agua y la Luna.

Brebajes herbales mejorados con la luna

Los brebajes herbales mejorados por la Luna representan una fusión de la antigua sabiduría herbal y las energías místicas de la Luna, creando elixires que conectan a las personas con los ciclos de la naturaleza y las influencias celestiales de la Luna. Las infusiones de hierbas han sido veneradas durante mucho tiempo por sus propiedades terapéuticas y, cuando se alinean con las fases de la Luna, adquieren una capa adicional de potencia. Se cree que la Luna, con sus energías crecientes y menguantes, influye en las cualidades sutiles de las hierbas, mejorando sus propiedades curativas y creando una interacción dinámica entre el mundo natural y las fuerzas cósmicas. Ya sea que se usen para relajarse, meditar o con fines ceremoniales, las infusiones de hierbas mejoradas por la luna ofrecen un enfoque holístico para el bienestar que armoniza las propiedades medicinales de las hierbas con los ritmos cíclicos de la luna.

La práctica de elaborar brebajes de hierbas bajo la influencia de la Luna tiene sus raíces en varias tradiciones culturales y espirituales. La herboristería, el arte de utilizar plantas con fines medicinales y terapéuticos, reconoce la importancia de los ciclos lunares para mejorar la eficacia de los remedios a base de hierbas. La Luna creciente, asociada con el crecimiento y la vitalidad, es un momento oportuno para cosechar y preparar hierbas para la infusión. Se cree que esta fase acentúa la fuerza vital y las cualidades medicinales de las plantas, lo que la convierte en un período ideal para crear brebajes de hierbas que apoyen la salud física y el bienestar.

Durante la luna creciente, los herbolarios pueden recolectar hierbas frescas de jardines o espacios silvestres, seleccionando plantas que se alinean con sus efectos terapéuticos previstos. Por el contrario, las hierbas refrescantes como la menta o el jengibre pueden elegirse para los tés diseñados para aumentar la energía y la vitalidad. La intención del practicante y las propiedades específicas de las hierbas seleccionadas convergen durante el proceso de elaboración, creando una sinergia que se cree que es amplificada por las energías de la Luna creciente.

A medida que la Luna alcanza su plenitud, también lo hace el potencial de los brebajes herbales mejorados por la luna. La Luna llena, un símbolo de culminación e iluminación, es un momento poderoso para infundir brebajes de hierbas con energías elevadas. El agua infundida absorbe todo el espectro de vibraciones lunares, creando elixires que no solo son terapéuticos, sino que también están profundamente conectados con las dimensiones espiritual y cósmica. Los brebajes de hierbas de luna llena se convierten en ofrendas a la psique, alineándose con las energías de iluminación y perspicacia. Los herbolarios pueden elegir hierbas que faciliten la introspección, como la artemisa o la salvia, para elaborar tés que apoyen las prácticas de adivinación o mejoren las experiencias espirituales durante la meditación.

La fase de luna menguante, de la Luna llena a la Luna nueva, invita a un cambio de enfoque del crecimiento a la liberación. Los brebajes de hierbas creados durante este período pueden alinearse con intenciones relacionadas con la desintoxicación, la limpieza y el abandono de energías estancadas. Las hierbas con propiedades depurativas, como el diente de león o la ortiga, se eligen para crear tés que ayudan a eliminar las toxinas del cuerpo y la mente. Se cree que la influencia de la luna menguante mejora la capacidad de la infusión de hierbas para ayudar a las personas a liberar cargas físicas y emocionales.

La Luna nueva, símbolo de comienzos y renovación, marca la finalización del ciclo lunar y el comienzo de uno nuevo. Los herbolarios pueden usar este tiempo para reflexionar sobre sus intenciones para el próximo ciclo y elaborar cervezas a base de hierbas que se alineen con nuevos comienzos y nuevos esfuerzos. Se cree que los tés hechos de hierbas asociadas con nuevos comienzos, como la caléndula o el bálsamo de limón, llevan la energía de la Luna nueva, ofreciendo apoyo para el establecimiento de intenciones y la manifestación de metas.

El proceso de preparación de brebajes de hierbas mejoradas por la luna implica un enfoque consciente e intencional. Los practicantes a menudo crean un espacio sagrado para el ritual de elaboración de la cerveza, infundiendo al proceso reverencia por las plantas y las energías celestiales. La elección de la vasija, ya sea una tetera de cerámica o un frasco de vidrio, se convierte en un recipiente simbólico para capturar la esencia de la Luna y las hierbas. Los cristales de cuarzo transparentes, conocidos por sus propiedades amplificadoras, se pueden colocar cerca del recipiente de preparación para mejorar las cualidades energéticas de la infusión.

Antes de comenzar el proceso de elaboración de la cerveza, los herbolarios pueden participar en una breve meditación o ejercicio de conexión a tierra, conectándose con las energías de la Luna y sintonizándose con la sabiduría inherente de las plantas. Luego, las hierbas se colocan en el recipiente de preparación y se vierte agua caliente sobre ellas, iniciando el proceso de infusión. A medida que las hierbas se remojan, el practicante puede recitar afirmaciones o invocaciones que se alinean con sus intenciones para el brebaje. La noche de luna se convierte en un telón de fondo para esta alquimia sagrada, donde se produce la unión de la sabiduría herbal y las energías lunares.

Las infusiones herbales mejoradas por la luna no solo tratan sobre las cualidades medicinales de las hierbas, sino también sobre las dimensiones experienciales y espirituales del ritual de elaboración de la cerveza. Beber una taza de té de hierbas con infusión de luna se convierte en un momento de comunión con los ciclos de la naturaleza y la danza cósmica de la Luna. Las personas pueden beber el brebaje conscientemente, saboreando cada sorbo y permitiendo que las energías sutiles de las hierbas y la Luna impregnen su ser. Este consumo intencional crea una experiencia holística que nutre el cuerpo físico, la mente y el espíritu.

Más allá de los rituales individuales, los brebajes de hierbas mejorados por la luna encuentran un lugar en las ceremonias y celebraciones colectivas. Los círculos lunares o las reuniones durante eventos lunares significativos pueden incorporar la elaboración de tés de hierbas como una actividad comunitaria. Guiados por la intención compartida, los participantes contribuyen a crear un elixir colectivo que encarna las energías de la Luna y las cualidades combinadas de las hierbas elegidas. Preparar y beber juntos se convierte en una experiencia unificadora, fomentando la comunidad, la conexión y la alineación con los ritmos cósmicos más grandes.

Las infusiones herbales mejoradas con la luna también se colocan en las prácticas de bienestar contemporáneas, donde las personas buscan enfoques holísticos para el cuidado personal y el equilibrio. Los entusiastas de la salud integrativa reconocen los beneficios de las infusiones de hierbas para apoyar la salud física, el bienestar emocional y el crecimiento espiritual. Los tés de hierbas con infusión de luna son aceptados no solo por sus propiedades terapéuticas, sino también por su alineación con los ciclos naturales que gobiernan la vida. La práctica atrae a aquellos que buscan una conexión más profunda con la naturaleza, incorporando la sabiduría de las tradiciones antiguas en los estilos de vida modernos.

En conclusión, los brebajes herbales mejorados por la luna ejemplifican la integración armoniosa de la sabiduría herbal y las energías lunares, creando elixires que resuenan con los ciclos de la naturaleza y la danza celestial de la Luna. Las fases creciente, completa y menguante de la Luna ofrecen oportunidades únicas para infundir brebajes de hierbas con cualidades e intenciones específicas. Las infusiones herbales mejoradas por la luna, ya sea elaboradas para rituales personales, ceremonias comunitarias o bienestar holístico, reflejan una práctica atemporal que continúa tendiendo puentes entre los reinos de la tradición, la espiritualidad y el bienestar contemporáneo.

Creación de aceites y ungüentos a la luz de la luna

La creación de aceites y ungüentos a la luz de la luna es una práctica alquímica sagrada que se basa en las potentes energías de la Luna para infundir esencias botánicas con propiedades místicas. Este arte ancestral, arraigado en la herbolaria y las tradiciones esotéricas, reconoce a la Luna como una fuerza celestial que influye en el mundo natural, las mareas y las energías sutiles dentro de las plantas. Al aprovechar las energías luminosas de la Luna durante fases lunares específicas, los practicantes tienen como objetivo mejorar las cualidades terapéuticas de los aceites y ungüentos, creando pociones que sirven no solo como remedios físicos, sino también como conductos para la curación espiritual y energética.

La elección de la fase lunar juega un papel fundamental en la creación de aceites y ungüentos a la luz de la luna. Cada fase de la Luna está asociada con cualidades energéticas únicas, y los practicantes seleccionan cuidadosamente la fase que se alinea con sus intenciones. Durante su viaje de lo nuevo a lo completo, la Luna creciente está vinculada al crecimiento, la expansión y la amplificación de las energías. Esta fase es ideal para crear aceites y ungüentos destinados a promover la curación, la vitalidad y la iniciación de nuevos emprendimientos. La media luna, que conduce a la luna llena, se convierte en un período potente para cosechar y preparar hierbas para la infusión, ya que se cree que el aumento de la luminosidad de la luna mejora la fuerza vital dentro de las plantas.

La Luna llena, con su máxima iluminación, es un punto focal para crear aceites y ungüentos iluminados por la luna cargados con el espectro completo de energías lunares. La Luna llena significa culminación, claridad e intuición aumentada. Los practicantes a menudo seleccionan hierbas asociadas con las cualidades específicas de la Luna llena, como artemisa o verbena, para infundir en aceites y ungüentos. Se cree que los brebajes resultantes transportan las energías expansivas e iluminadoras de la Luna llena, lo que los convierte en poderosas herramientas para las prácticas espirituales, la adivinación y la mejora de las habilidades intuitivas.

Por el contrario, la fase de luna menguante, desde la luna llena hasta la luna nueva, es un momento asociado con la liberación, la purificación y la entrega. Los aceites y ungüentos creados durante esta fase pueden centrarse en intenciones relacionadas con dejar ir la negatividad, desterrar las energías no deseadas y prepararse para la renovación. A medida que la Luna mengua, se cree que extrae las impurezas y las energías estancadas de las plantas, infundiendo los aceites y ungüentos con cualidades purificadoras. La luna menguante, que conduce a la Luna nueva, se convierte en un período propicio para la elaboración de mezclas que apoyan la introspección y el desprendimiento de viejos patrones.

La Luna nueva, que simboliza comienzos y nuevas posibilidades, marca la finalización del ciclo lunar y el comienzo de uno nuevo. Los aceites y ungüentos creados durante este tiempo pueden alinearse con las intenciones de nuevos emprendimientos, el crecimiento personal o el inicio de procesos transformadores. Los practicantes pueden elegir hierbas asociadas con nuevos comienzos, como la caléndula o el jazmín, para infundir en aceites y ungüentos, capturando las energías de la Luna nueva para establecer la intención y manifestarlas.

La creación de aceites y ungüentos a la luz de la luna implica una serie de pasos intencionales y conscientes. Los herbolarios a menudo comienzan seleccionando un aceite portador, como el aceite de jojoba o de almendras, para que sirva como base para la infusión. Los frascos de vidrio transparente se eligen comúnmente como recipientes para el proceso, lo que permite a los practicantes observar la inyección y la influencia de la Luna. Las hierbas cosechadas o recolectadas, en cuanto a sus ciclos naturales, se agregan al aceite portador en el frasco.

Antes de exponer el aceite a la luz de la luna, los practicantes participan en un ritual preparatorio. Esto puede implicar ejercicios de conexión a tierra, Invocaciones o la recitación de afirmaciones para sintonizarse con las energías de la Luna y las plantas. Los elementos rituales le dan al procedimiento un propósito y un vínculo más fuerte con las partes espirituales del trabajo. Para mejorar las energías, algunos practicantes agregan cristales asociados con la luna, como piedra lunar o cuarzo transparente, a la preparación.

El frasco que contiene el aceite y las hierbas se coloca en un espacio al aire libre donde se puede exponer directamente a la luz de la luna. La elección del lugar puede estar influenciada por las creencias espirituales del practicante o las cualidades específicas que desea infundir en el aceite. El alféizar de una ventana, el jardín o cualquier área abierta donde los rayos de la luna puedan alcanzar el frasco se adapta al proceso de infusión. La duración de la exposición varía, y los practicantes a menudo dejan que el aceite absorba la luz de la luna durante la noche, lo que le permite someterse a un ciclo lunar completo.

A lo largo del período de fusión I, los practicantes pueden volver a visitar el frasco, participando en momentos de reflexión, meditación o invocaciones adicionales. La intención establecida durante el ritual preparatorio se refuerza durante estos momentos, creando una alineación armoniosa entre el propósito del practicante y las energías de la infusión a la luz de la luna. El practicante también puede observar los cambios sutiles en el aceite, notando cualquier cambio en el color, el aroma o las cualidades energéticas que significan la integración de las energías lunares.

Una vez finalizado el proceso de infusión, el aceite iluminado por la luna se cuela para eliminar los restos de hierbas, dejando un elixir cargado listo para su uso. Algunos practicantes incorporan elementos adicionales, como aceites esenciales o esencias florales, para mejorar las propiedades terapéuticas y energéticas del aceite. El aceite resultante a la luz de la luna se convierte en una herramienta versátil que se puede aplicar a la piel, usar en masajes, agregar a rituales de baño o incorporar a prácticas espirituales.

Los ungüentos a la luz de la luna, una forma más densa de aceites infundidos, implican la incorporación de cera de abejas u otro agente solidificante para crear una consistencia similar a la de un bálsamo. El proceso de creación de ungüentos a la luz de la luna refleja el de los aceites, con el paso adicional de derretir la cera de abejas en el aceite infundido para lograr la textura deseada. Los ungüentos a menudo se prefieren para aplicaciones tópicas, proporcionando una forma concentrada de las energías herbales y lunares. La naturaleza solidificada de los ungüentos los hace convenientes para el almacenamiento y fáciles de transportar, lo que permite a los practicantes llevar la magia de la Luna con ellos.

Las acciones de manzana de los aceites y ungüentos a la luz de la luna abarcan los reinos físico, emocional y espiritual. Se cree que los aceites, cargados con la energía de la Luna y la esencia de las hierbas infundidas, poseen propiedades terapéuticas que abordan problemas de salud específicos. Por ejemplo, el aceite de lavanda con infusión de lavanda puede promover la relajación y aliviar el estrés, mientras que el aceite con infusión de caléndula podría apoyar la salud y el rejuvenecimiento de la piel.

Más allá de sus aplicaciones físicas, los aceites y ungüentos a la luz de la luna sirven como conductos curativos espirituales y energéticos. La infusión intencional de energías lunares crea elixires que resuenan con las dimensiones sutiles de la existencia. Los practicantes pueden ungirse con aceites a la luz de la luna durante la meditación, rituales o ceremonias, usándolos para mejorar su conexión con los reinos espirituales y amplificar sus habilidades intuitivas. Los aceites se convierten en parte integral del trabajo energético, proporcionando un medio tangible para la fijación de la atención, la limpieza de la energía y el equilibrio de los chakras.

Los aceites y ungüentos a la luz de la luna también se adoptan en prácticas de bienestar holístico que abordan la interconexión de la mente, el cuerpo y el espíritu. La combinación intencional de sabiduría herbal, energías lunares e intención personal se alinea con los principios del bienestar holístico. Las personas que buscan un enfoque holístico para el autocuidado y el equilibrio pueden incorporar aceites y ungüentos a la luz de la luna en sus rituales diarios, creando momentos de atención plena, conexión con la naturaleza y alineación con los ritmos cósmicos.

En conclusión, la creación de aceites y ungüentos a la luz de la luna representa una convergencia de alquimia herbal, sabiduría lunar e intención espiritual. La infusión intencional de aceites con las energías de la Luna durante fases lunares específicas agrega una dimensión de magia y potencia a estos brebajes de hierbas. Desde las fases de luna creciente hasta la luna llena y menguante, los practicantes alinean sus intenciones con las cualidades únicas de cada ciclo lunar, creando aceites y ungüentos que sirven como potentes herramientas para el bienestar físico, emocional y espiritual. A medida que los practicantes se involucran en este antiguo arte, se convierten en participantes activos en la danza cósmica, entrelazando las energías terrenales y celestiales para crear elixires que llevan la magia de la noche iluminada por la luna.

CAPÍTULO IX

Celebraciones y festivales a la luz de la luna

Honrando a las deidades lunares

Honrar a las deidades lunares es una práctica sagrada que abarca culturas y civilizaciones, lo que refleja el profundo significado de la Luna en la espiritualidad humana. A lo largo de la historia, la Luna ha sido venerada como una entidad celestial que influye en el mundo natural, las mareas y el flujo y reflujo de la vida. Las deidades lunares, asociadas con la naturaleza misteriosa y cíclica de la Luna, son veneradas en los panteones religiosos, la mitología y las prácticas espirituales de todo el mundo. Al honrar a estos seres sagrados, los practicantes se conectan con las energías lunares en busca de dirección, favores y una mejor comprensión de las fuerzas cósmicas que moldean la realidad.

En varias mitologías, la Luna se personifica como una deidad, a menudo representada como un dios o dios que encarna las fases transformadoras de la Luna. El arquetipo de la diosa de la luna prevalece en diversas culturas, cada una de las cuales presenta atributos y simbolismos únicos. En la mitología griega, Selene es la diosa de la Luna, que representa la belleza luminiscente del cielo nocturno. A menudo se representa a Selene conduciendo un carro tirado por caballos celestiales a través de los cielos, iluminando el mundo de abajo. Su homóloga romana, Luna, comparte lugares similares, encarnando el brillo etéreo de la Luna y su influencia en el paisaje nocturno.

En la mitología del antiguo Egipto, Thoth, el dios de la sabiduría y el conocimiento, está vinculado a la Luna, sirviendo como guía a través de los reinos místicos. Las asociaciones lunares de Thoth se extienden a su papel como medidor del tiempo, enfatizando la conexión de la Luna con los ciclos, las estaciones y el orden cósmico. Del mismo modo, la tradición hindú venera a Chandra, el dios de la luna, que simboliza la inmortalidad y los ciclos rítmicos de la vida y la muerte. Chandra a menudo se representa con una presencia relajante y compasiva, lo que refleja la suave influencia de la Luna en las emociones y la psique humana.

Según la mitología nórdica, la Luna está conectada con Mani, una personificación de las fases de la Luna y hermana de la diosa del sol Sol. Mani, como guardián de la Luna, cabalga por el cielo nocturno, conduciendo un carro tirado por un equipo de caballos encantados. Este viaje cósmico simboliza la eterna danza entre la luz y la oscuridad, reflejada en el creciente y menguante de la Luna. La tradición nórdica reconoce la conexión intrínseca de la Luna con los ciclos naturales de la existencia.

En la mitología mesopotámica, el dios de la luna Sin es venerado como la deidad que preside la influencia de la Luna en la Tierra. El pecado está asociado con la sabiduría, la adivinación y los ciclos del tiempo, encarnando las energías lunares que dan forma a los destinos de los mortales. La adoración del pecado refleja el reconocimiento del papel de la Luna en iluminar las verdades ocultas y guiar a los buscadores en su viaje espiritual.

Honrar a las deidades lunares implica diversos rituales, ceremonias y prácticas devocionales que varían según las culturas y tradiciones espirituales. Estos actos de reverencia están diseñados para establecer una conexión sagrada con las energías divinas encarnadas por la Luna y sus deidades asociadas. Los devotos pueden participar en ceremonias a la luz de la luna, ofrecer oraciones o crear altares adornados con símbolos y representaciones de entidades lunares. Estos rituales tienen la intención de sintonizarse con las frecuencias cósmicas, buscando bendiciones, protección y conocimientos de los reinos lunares.

Las fases de la Luna a menudo dictan el momento de las ceremonias dedicadas a las deidades lunares. Durante la Luna creciente, cuando las energías lunares están aumentando, los practicantes pueden centrarse en las intenciones relacionadas con el crecimiento, la manifestación y la búsqueda de la sabiduría. Este es un tiempo razonable para invocaciones, oraciones y ofrendas que se alinean con las fuerzas expansivas asociadas con la Luna creciente. Los rituales durante esta fase pueden enfatizar el desarrollo personal y espiritual, inspirándose en la creciente luminosidad de la Luna. Por el contrario, la Luna llena, con su máxima iluminación, es un momento crucial para honrar a las deidades lunares. La Luna llena es la madre de la culminación, la claridad y la mayor conciencia espiritual. Los devotos pueden participar en rituales que celebran la presencia divina de las entidades lunares, expresando gratitud, buscando orientación o profundizando su conexión con las energías místicas de la Luna. Las ceremonias de luna llena a menudo implican ofrendas de gratitud, meditación y gestos simbólicos que honran a la diosa o dios asociado con la Luna.

La fase de luna menguante, desde la luna llena hasta la luna nueva, es un momento para la liberación, la purificación y la entrega. Los devotos pueden ayudarnos a dejar ir las energías negativas, los viejos patrones o los obstáculos que obstaculizan su progreso espiritual. Los rituales durante esta fase pueden incluir la limpieza de energía, la adivinación o la meditación para alinearse con las energías transformadoras asociadas con la Luna menguante. Honrar a las deidades lunares durante este tiempo invita a guiarlos para que se deshagan de las viejas capas y se preparen para la renovación.

La Luna nueva, que simboliza el comienzo y el comienzo de un nuevo ciclo lunar, ofrece a los devotos la oportunidad de comenzar de nuevo, establecer intenciones y plantar las semillas de nuevos esfuerzos. Los rituales durante la fase de luna nueva pueden incluir oraciones para obtener orientación, manifestación y bendiciones de las deidades lunares. Los devotos pueden buscar el apoyo de las energías de la Luna para iniciar proyectos, embarcarse en nuevos caminos espirituales o nutrir las semillas de intenciones que se desarrollarán durante las fases lunares posteriores.

En las tradiciones wiccanas y paganas, la adoración de las deidades lunares a menudo implica la creación de círculos sagrados, invocaciones y prácticas ceremoniales que se alinean con las fases de la Luna. Basándose en las correspondencias entre las energías de la Luna y los elementos, los practicantes pueden incorporar rituales como el descenso de la Luna, una práctica en la que se invoca la esencia divina de la diosa de la luna en el practicante, para facilitar una conexión directa con las entidades lunares. Las ofrendas de cristales, flores o representaciones simbólicas de la Luna se incluyen comúnmente en estos rituales como actos de reverencia y devoción.

Cultivar una relación con las deidades lunares se extiende más allá de los rituales formales, abarcando las prácticas diarias que reconocen la presencia del Mo en la vida de uno. Las personas expresan su reverencia por las energías lunares observando la salida o puesta de la luna, creando agua lunar dejando agua bajo la luz de la luna o simplemente contemplando en silencio bajo el cielo nocturno. Muchos practicantes también incorporan símbolos lunares en su vida diaria, usando joyas de piedra lunar, adornando altares con imágenes lunares o incorporando ciclos lunares en las prácticas de meditación.

Las asociaciones simbólicas de las deidades lunares son ricas en significado y ofrecen una cinta de energías arquetípicas para que los devotos las exploren. El viaje cíclico de la Luna refleja el flujo y reflujo de la vida, la muerte y el renacimiento, encarnando la danza eterna entre la luz y la oscuridad. Las deidades lunares a menudo encapsulan la dualidad inherente a esta danza cósmica, simbolizando los aspectos nutritivos, receptivos e intuitivos de lo femenino junto con las cualidades iluminadoras, guiadoras y protectoras asociadas con lo masculino.

La resonancia simbólica de las deidades lunares se extiende más allá de la mitología, impregnando varios aspectos de la cultura humana y la expresión espiritual. En el arte, la literatura y la poesía, la Luna y sus deidades son metáforas de los misterios de la existencia, el paso del tiempo y la naturaleza cíclica de la vida. La influencia de la Luna en las emociones, la creatividad y la intuición humanas ha inspirado innumerables obras de arte, capturando la esencia de la belleza etérea y el significado espiritual de la Luna.

En conclusión, honrar a las deidades lunares es una práctica atemporal que invita a las personas a conectarse con las fuerzas celestiales que dan forma al tapiz de la existencia. Los devotos buscan establecer una relación sagrada con la Luna y sus deidades asociadas a través de rituales formales, observancias diarias o gestos simbólicos. Las diversas expresiones de adoración lunar en todas las culturas subrayan el reconocimiento universal de la influencia de la Luna en las dimensiones espirituales, emocionales y cósmicas. A medida que los practicantes se involucran en actos de reverencia, participan en la antigua danza entre la Tierra y el cielo, honrando las energías luminosas que han guiado el viaje espiritual de la humanidad a lo largo de los siglos.

Festivales lunares estacionales

Los Festivales Lunares Estacionales son ricos tapices que se tejen en el tejido cultural y espiritual de diversas sociedades, reflejando una danza armoniosa entre la existencia humana y los ritmos cósmicos de la luna. Estos festivales, arraigados en antiguas tradiciones y ciclos agrícolas, celebran el cambio de estaciones y el viaje cíclico de la Luna a través del cielo nocturno. Estas celebraciones, que se encuentran en las culturas de todo el mundo, están marcadas por rituales, ceremonias y reuniones comunitarias que atraviesan las fases lunares, conectando a las personas con la profunda interconexión de la Tierra, la Luna y los ciclos de la vida.

Uno de los festivales lunares estacionales más

reconocidos es el Festival del Medio Otoño, que se celebra en muchas culturas de Asia Oriental. Conocido por varios nombres, como Chuseok en Corea, Tsukimi en Japón y Zhōngqiū Jié en China, este festival suele tener lugar en septiembre u octubre durante la luna llena. Un elemento central del Festival del Medio Otoño es la apreciación de la belleza de la Luna y la abundante cosecha. Las familias F se reúnen para banquetes, fiestas para ver la luna y compartir pasteles de luna, un pastel tradicional a menudo relleno de pasta de frijoles dulces o pasta de semillas de loto. Se encienden linternas, que simbolizan la iluminación del ser interior, y se comparten cuentos populares sobre los poderes encantadores de la Luna. El festival refleja temas de reencuentro, gratitud y la naturaleza cíclica de la vida.

En la India, el Festival Sharad Purnima ilumina la noche de luna llena de octubre. Esta celebración está profundamente relacionada con la cosecha de otoño y se considera auspiciosa para las prácticas espirituales. Los devotos participan en varios rituales, como el ayuno, el canto de canciones devocionales y la participación en actividades que simbolizan la celebración de la abundancia de la vida. Se cree que la Luna llena durante Sharad Purnima posee cualidades únicas, y las personas a menudo pasan la noche rezando y meditando, buscando bendiciones para la salud, la prosperidad y el crecimiento espiritual.

El Festival de la Luna de la Cosecha tiene un significado cultural en el mundo occidental, especialmente en las comunidades agrícolas. Las reuniones comunales, las fiestas y las expresiones de gratitud por la abundancia de la temporada de cosecha marcan el festival. En algunas culturas, las danzas folclóricas tradicionales y la música acompañan las festividades, lo que añade una dimensión alegre a la celebración de la generosidad de la naturaleza.

Estas linternas vibrantes simbolizan la superación de la oscuridad y el triunfo de la luz. Las familias participan en diversas actividades, como resolver acertijos en linternas, disfrutar de actuaciones tradicionales y soltar linternas en el cielo nocturno. La culminación del festival se alinea con la primera luna llena del año lunar, creando un espléndido espectáculo visual.

Tribus como los algonquinos, los ojibwa y los dakota honran esta ocasión con ceremonias, danzas y fiestas comunales. La Luna de Fresa tiene un significado espiritual, y los rituales durante este festival a menudo incluyen alabar a la Tierra por su generosidad y buscar bendiciones para la temporada de crecimiento que se avecina. El festival encapsula una profunda conexión con la naturaleza y el reconocimiento de la Luna como guía para las actividades estacionales.

Durante este encantador festival, la gente suelta cestas flotantes decoradas, o krathongs, en ríos y vías fluviales, simbolizando dejar ir la negatividad y honrar a la diosa del agua. El suave resplandor de las velas y las linternas en el agua crea un espectáculo fascinante, que refleja el resplandor de la Luna. Loy Krathong es un momento para la reflexión, la purificación y la renovación del espíritu a medida que el agua se lleva las cargas simbólicas.

El Festival de Poya en Sri Lanka se celebra en cada luna llena, conocida como el día de Poya, a lo largo del calendario lunar. Con una población predominantemente budista, el festival tiene un significado religioso, marcando eventos críticos en la vida de Siddhartha Gautama, quien más tarde se convirtió en Buda. En los días de Poya, los budistas realizan prácticas espirituales, visitan templos y participan en actos de caridad. La luna llena se considera un símbolo de iluminación, y el festival brinda una oportunidad para la reflexión, la meditación y el cultivo de virtudes.

El avistamiento de la luna nueva, que marca el comienzo del ayuno, la oración y la introspección, marca el comienzo del mes sagrado del Ramadán en la tradición islámica. El calendario lunar determina el inicio y la conclusión del Ramadán, donde la Luna nueva marca el comienzo de un nuevo mes. Cuando los musulmanes se reúnen para celebrar el alegre evento de Eid al-Fitr, el avistamiento de la Luna nueva, a veces conocida como la colina, es un momento de celebración y la conclusión del ayuno. La Luna es el cronometrador celestial que determina los eventos significativos del calendario islámico y las observancias religiosas.

Estos Festivales Estacionales de la Luna ilustran el impulso humano universal de celebrar y armonizar con los ritmos de la naturaleza. La Luna, con sus fases siempre cambiantes, sirve como guía celestial, influyendo en las tradiciones culturales, las prácticas religiosas y los ciclos agrícolas que sustentan a las comunidades. Cada festival lleva expresiones artísticas únicas al tiempo que comparte temas comunes de gratitud, renovación y reverencia por la interconexión de la vida.

En los tiempos contemporáneos, los Festivales de la Luna de Temporada continúan evolucionando, adaptándose a las complejidades de la vida moderna mientras conservan su esencia cultural y espiritual. La globalización y el aumento del intercambio cultural han llevado a la mezcla de tradiciones, con personas de diferentes orígenes que incorporan elementos de varios festivales estacionales de

la luna en sus celebraciones. Los festivales que alguna vez
tuvieron un significado regional ahora resuenan en todas
las órdenes, fomentando una apreciación compartida de la
influencia de la Luna en la cultura humana.

En conclusión, los Festivales Lunares Estacionales sirven
como expresiones atemporales de la conexión humana
con el mundo natural y los ciclos celestiales que dan
forma a nuestra existencia. Estas celebraciones,
arraigadas en tradiciones ancestrales, continúan tejiendo
hilos de identidad cultural, reverencia espiritual y armonía
comunitaria. Ya sea iluminados por linternas, marcados
por las fiestas de la cosecha u observados a través de una
reflexión tranquila, los Festivales de la Luna de
Temporada ofrecen un tapiz de diversas celebraciones que
honran la profunda conexión entre la humanidad y la
danza cósmica de la luna.

Organiza tus propias reuniones a la luz de la luna

Organizar sus propias reuniones a la luz de la luna es un
esfuerzo transformador y encantador que permite a las
personas crear conexiones significativas con la naturaleza,
el cosmos y su comunidad. Las reuniones a la luz de la
luna, ya sea que se lleven a cabo para celebrar fases
lunares específicas o bajo el resplandor radiante de la luna
llena, ofrecen una oportunidad única para aprovechar las
energías místicas de la noche y entretejerlas en
experiencias comunitarias. Ya sea que se sienta atraído
por los aspectos espirituales, culturales o estéticos de las
reuniones a la luz de la luna, organizar este tipo de
eventos puede ser gratificante y mágico.

Preparar el escenario para una reunión a la luz de la luna
comienza con la elección de la ubicación correcta. Ya sea
un patio trasero, un parque o una playa, seleccionar un
espacio que permita una vista sin obstáculos de la Luna
mejora la experiencia general. Los escenarios naturales
con cielos abiertos contribuyen al ambiente, creando un
entorno inmersivo donde los participantes pueden
conectarse con las energías celestiales.

El tiempo es fundamental en las reuniones a la luz de la luna, con el calendario lunar como guía. Elegir una fecha que se alinee con una fase lunar específica, como la luna llena o la luna nueva, agrega una dimensión intencional a la reunión. Cada fase lunar conlleva energías únicas, lo que permite a los anfitriones adaptar el tema o las actividades del evento para alinearse con las cualidades asociadas con esa fase.

La creación de un punto focal para la reunión agrega un toque de magia y simbolismo. Considera la posibilidad de instalar un altar lunar adornado con símbolos lunares, cristales y velas. Esto sirve como un ancla visual, atrayendo a los participantes a la atmósfera encantadora e invitándolos a interactuar con las energías de la Luna. La incorporación de elementos como piedra lunar, cristales de cuarzo u objetos de color plateado mejora la conexión con las vibraciones lunares.

Los rituales a la luz del sol pueden infundir a la reunión un propósito y profundidad espiritual. Dependiendo de la fase lunar, los rituales pueden incluir ceremonias de establecimiento de intenciones, meditaciones guiadas o actividades simbólicas que se alinean con las energías de la Luna. Por ejemplo, durante una reunión lunar, los participantes pueden escribir lo que desean liberar y luego quemar los papeles en un fuego ceremonial, simbolizando el dejar ir y la renovación.

Las ofertas de comida y bebida pueden elevar la experiencia de reunión a la luz de la luna. Considere la posibilidad de crear un menú que contenga ingredientes asociados a las energías lunares, como alimentos de color blanco o plateado, melones o alimentos que tradicionalmente se disfrutan durante los festivales lunares de todo el mundo. Las galletas en forma de luna, los cócteles de inspiración lunar o un festín comunitario añaden un elemento festivo a la reunión.

La iluminación del espacio juega un papel crucial para mejorar el ambiente iluminado por la luna. Opta por una iluminación ambiental suave, como guirnaldas de luces, linternas o velas, para crear un brillo natural. Esto no solo aumenta el encanto de la reunión, sino que también garantiza la visibilidad sin dominar el resplandor natural de la Luna.

La incorporación de música o paisajes sonoros inspirados en la Luna mejora la experiencia sensorial. Las melodías instrumentales suaves, los sonidos ambientales de la naturaleza o incluso los círculos de tambores pueden complementar el estado de ánimo, creando un viaje multisensorial que se alinea con las energías lunares. Anime a los participantes a traer sus instrumentos, fomentando un ambiente colaborativo y armonioso.

Organizar reuniones a la luz de la luna permite a los participantes sintonizarse con los ritmos naturales de la noche. Las sesiones guiadas de observación de estrellas, la identificación de constelaciones o la narración de cuentos sobre mitos y leyendas lunares pueden profundizar la conexión con el reino celestial. Educar a los participantes sobre el significado cultural y espiritual de la Luna en varias tradiciones agrega una capa de enriquecimiento a la reunión.

Promover un sentido de inclusión y comunidad es fundamental para el éxito de las reuniones a la luz de la luna. Anime a los participantes a compartir sus historias, tradiciones o experiencias relacionadas con la Luna. Este intercambio de perspectivas fomenta un sentido de unidad y diversidad, creando un tapiz de conexiones compartidas bajo el dosel celeste.

Participar en prácticas conscientes, como el yoga o la meditación, invita a los participantes a conectarse con su yo interior y con el interior de la Luna. Estas actividades promueven una sensación de tranquilidad, arraigo y reflexión espiritual. Una meditación guiada centrada en las energías lunares o una sesión de yoga a la luz de la luna bajo el cielo abierto amplifican el bienestar general.

Para aquellos que buscan un ambiente más alegre, la incorporación de actividades creativas agrega un elemento lúdico a la reunión. Las sesiones de manualidades a la luz de la luna, en las que los participantes crean arte o decoraciones con temática lunar, ofrecen la oportunidad de expresarse y contribuyen al ambiente comunitario. Hacer una instalación de arte colaborativa, como un mandala lunar, permite a los participantes contribuir con su energía creativa a la reunión.

Tener una comunicación exitosa es crucial para el éxito de los eventos a la luz de la luna. Informe a los asistentes con anticipación sobre el objetivo, el tema y el cronograma de eventos de la reunión. Proporcione sugerencias de vestimenta, fomente el uso de accesorios inspirados en la luna y comunique cualquier detalle logístico, como estacionamiento, disposición de asientos o artículos específicos para llevar.

Las reuniones solo para M no se limitan a tradiciones culturales o espirituales específicas; Están abiertos a la interpretación y adaptación en función de las preferencias y creencias del anfitrión y de los participantes. La clave es crear una atmósfera que fomente la conexión, la reflexión y una sensación de asombro bajo el abrazo luminoso de la Luna.

En conclusión, organizar sus reuniones a la luz de la luna es una aventura en la magia, la espiritualidad y la conexión comunitaria. Ya sea guiados por intenciones celestiales, tradiciones culturales o simplemente por el deseo de disfrutar de la belleza de la Luna, estas reuniones ofrecen una plataforma para experiencias compartidas, expresiones creativas y una conexión más profunda con las energías cósmicas que se tejen a través del cielo nocturno. A medida que los anfitriones crean un entorno que honra la influencia de la Luna, los participantes se embarcan en el autodescubrimiento, la construcción de una comunidad y una danza armoniosa bajo los cielos iluminados por la luna.

CONCLUSIÓN

En conclusión, "Moonlit Beginnings: Spellcraft and Rituals for Lunar Novices - A Practical Handbook for Moon Magic" es una guía completa y esclarecedora que invita a los novatos al encantador reino de la magia lunar. A lo largo de las páginas de este libro, los lectores pueden embarcarse en una aventura que va más allá de lo mundano, profundizando en las prácticas místicas y ancestrales asociadas con el aprovechamiento del poder de la luna. Al desmitificar la magia lunar, el libro electrónico equipa a los novatos con conocimientos prácticos, rituales perspicaces y hechizos que abrazan la conexión inherente entre la luna, la naturaleza y las energías que nos rodean.

El libro electrónico enfatiza la importancia de comprender las fases de la luna y alinear las prácticas mágicas con el ciclo lunar. Desde las intenciones de la luna nueva hasta las manifestaciones de la luna llena, el manual proporciona una hoja de ruta para que los novatos sincronicen su hechicería con la danza celestial de la luna. Los rituales y hechizos presentados no son meras instrucciones, sino puertas de entrada a una conexión más profunda con los ritmos naturales del universo.

Además, el libro electrónico enfatiza fuertemente el establecimiento de intenciones y la atención plena en la magia lunar. Anima a los lectores a acercarse a la hechicería con reverencia y un sentido de propósito, fomentando un compromiso consciente con las energías que buscan invocar. Al incorporar elementos de meditación, visualización e intención en los rituales lunares, los novatos son guiados hacia una práctica más profunda y significativa.

En particular, "Moonlit Beginnings" anima a los novatos a explorar su camino único dentro del reino de la magia lunar. Sirve como trampolín para la creatividad personal y la intuición, enfatizando que la magia de la luna es una experiencia profundamente personal y subjetiva. Se invita a los lectores a adaptar y personalizar los rituales y hechizos, fomentando un sentido de propiedad y autenticidad en su viaje mágico.

En esencia, "Moonlit Beginnings" es más que un manual;

Es una puerta de entrada a un mundo donde las energías místicas de la luna se vuelven accesibles para los novatos. A medida que los lectores asimilan el conocimiento que se encuentra en su interior, se vuelven expertos en la magia lunar y establecen una conexión con las costumbres de larga data que han honrado a la luna a lo largo de la historia. Para las personas que buscan abrazar el mundo encantado de la magia lunar y comenzar sus comienzos a la luz de la luna, el libro electrónico es un excelente recurso debido a sus consejos útiles, análisis perspicaces y estilo poderoso.

Gracias por comprar y leer/escuchar nuestro libro. Si este libro le ha resultado útil, tómese unos minutos y deje una reseña en la plataforma donde compró nuestro libro. Sus comentarios son muy importantes para nosotros.

www.ingramcontent.com/pod-product-compliance
Lightning Source LLC
Chambersburg PA
CBHW052041150726
48002CB00002B/709